W0281891

Christa Koppensteiner

# Lese- und Lernprofi 6

## Sinnerfassend lesen lernen

Mildenberger Verlag

**Diese Symbole bedeuten:**

 leichte Übungen

 mittelschwere Übungen

 schwere Übungen

**Lese- und Lernprofi 6**
Sinnerfassend lesen lernen

Originalausgabe
Bildungsverlag Lemberger
Pointengasse 21 - 23/11
A - 1170 Wien
www.lemberger.at

Bestell-Nr. 6406-40 · ISBN 978-3-619-64640-1
© 2016 Mildenberger Verlag GmbH, 77652 Offenburg
www.mildenberger-verlag.de
E-Mail: info@mildenberger-verlag.de

Auflage 4 3 2 1
Jahr 2019 2018 2017 2016

Das Werk und seine Teile sind urheberrechtlich geschützt. Jede Nutzung in anderen als den gesetzlich zugelassenen Fällen bedarf der vorherigen schriftlichen Einwilligung des Verlages. Hinweis zu § 52 a UrhG: Weder das Werk noch seine Teile dürfen ohne eine solche Einwilligung eingescannt und in ein Netzwerk eingestellt werden. Dies gilt auch für Intranets von Schulen und sonstigen Bildungseinrichtungen.

Illustrationen: Elisabeth Lottermoser, 33334 Gütersloh
Druck: Stürtz GmbH, 97080 Würzburg
Gedruckt auf umweltfreundlichem Papier.

**Bezugsmöglichkeiten**

Alle Titel des Mildenberger Verlags erhalten Sie unter: www.mildenberger-verlag.de oder im Buchhandel. Jede Buchhandlung kann alle Titel direkt über den Mildenberger Verlag beziehen.
Ausnahmen kann es bei Titeln mit Lösungen geben: Hinweise hierzu finden Sie in unserem aktuellen Gesamtprogramm.

# Inhalt

# Inhalt

# Eingangs-Lesetest

Mit dem folgenden Lesetest kannst du überprüfen, wie gut du Texte, die du gelesen hast, verstehen kannst.

Aufgabenstellung:

- Der Test besteht aus vier Teilaufgaben.
- Löse alle vier Aufgaben und vergleiche anschließend deine Ergebnisse mit den Lösungen.
- Je mehr richtige Antworten du hast, desto besser hast du die Texte verstanden.

Aufgabe 1:

Lies dir jeden Satz durch und entscheide, ob die Aussage richtig oder falsch ist.
Kreise jeweils **R** oder **F** ein.

| | | | |
|---|---|---|---|
| 1) | Ein Kalender zeigt uns Jahr, Monat und Uhrzeit. | **R** | **F** |
| 2) | Da viele Putzmittel giftig sind, sollte man sie von Kindern fernhalten. | **R** | **F** |
| 3) | Beim Bau eines Hauses ist es ratsam, mit dem Dach zu beginnen. | **R** | **F** |
| 4) | Damit man vor Sonnenbrand geschützt ist, reibt man sich am besten mit Essig ein. | **R** | **F** |
| 5) | Eine erfundene Geschichte für Kinder nennt man Märchen. | **R** | **F** |
| 6) | In vielen deutschen Seen leben Delfine. | **R** | **F** |
| 7) | Bei einer Villa handelt es sich um ein kleines Häuschen ohne Dach. | **R** | **F** |
| 8) | Vor Verletzungen am Kopf schützt man sich mit einem Sturzhelm. | **R** | **F** |
| 9) | Impfungen schützen vor vielen Krankheiten. | **R** | **F** |
| 10) | Im Frühling fallen die Blätter von den Bäumen. | **R** | **F** |
| 11) | Für die Gesundheit der Menschen ist eine gesunde Ernährung wichtig. | **R** | **F** |
| 12) | Millionäre sind besonders arme Menschen. | **R** | **F** |
| 13) | Jemand, der eine mutige Tat vollbringt, gilt als Held. | **R** | **F** |
| 14) | Als es noch kein Geld gab, lebten die Menschen vom Tauschhandel. | **R** | **F** |
| 15) | Wer sich gesund ernähren will, muss viel Schokolade essen. | **R** | **F** |
| 16) | Im Zoo kann man lebende Dinosaurier sehen. | **R** | **F** |
| 17) | Viele Kühe werden mit einer Melkmaschine gemolken. | **R** | **F** |
| 18) | Ein Bild, das mit Wasserfarben gemalt wurde, nennt man Aquarium. | **R** | **F** |
| 19) | Ein Buch, in dem viele Begriffe erklärt werden, nennt man Lexikon. | **R** | **F** |
| 20) | Briefe, Postkarten und Pakete werden von Briefträgern ausgetragen. | **R** | **F** |
| 21) | In den Sommerferien gehen viele Kinder ins Freibad. | **R** | **F** |

| | | | |
|---|---|---|---|
| 22) | Ein Kino ist ein Saal mit mehreren Sitzreihen und einem großen Leintuch. | R | F |
| 23) | Viele elektrische Geräte können auch mit Batterien betrieben werden. | R | F |
| 24) | Damit die Straßen im Winter nicht so glatt sind, streut man Seife. | R | F |

Anzahl richtiger Antworten: ________________/24

Aufgabe 2:

Setze die folgenden Wörter sinngemäß in den Lückentext ein.

Gemüse – Gehege – Holzkiste – Schildkröte – Schwanz – Panzer – Lieblingsbären – Kiste – Kopf – Panzer – Geburtstagstorte – Sonnenbaden – Schildkröte – Salatblatt – Bett – verschwunden – Garten – Unterschlupf – Schwanz – Schildkröte

**Tino und die Schildkröte**

In einer ________________ auf Tinos Geburtstagstisch sitzt eine ________________. Sie hat einen braunen ________________ mit schwarzen Flecken. Tino freut sich. Er nimmt die Schildkröte aus der ________________ und setzt sie auf seinen Schoß. „Ich mag dich“, sagt er. Aber die Schildkröte zieht den ________________ unter den ________________. Tino wartet lange Zeit. Er hält der Schildkröte ein Stückchen von seiner ________________ hin. „Da, probier! Damit du merkst, dass ich dich mag!“ Die ________________ rührt sich nicht. Tino trägt sie zu seinem ________________. Er setzt sie neben seinen ________________. „Merkst du, dass ich dich mag?“ Nun zieht die Schildkröte auch Beine und ________________ ein. Sie ist ganz unter ihrem Panzer ________________. Tino geht zum Geburtstagstisch zurück. Dort liegt das Buch „Alles über Schildkröten“. Noch am selben Nachmittag geht er mit seinem Papa in den ________________ hinaus. Gemeinsam bauen sie ein ________________ mit einer Steinterrasse zum ________________, einer Wassermulde und einem

_________________ gegen schlechtes Wetter. Tino setzt die Schildkröte auf die sonnenwarmen Steine. Er legt ein grünes _________________ in ihre Nähe. Er schneidet Obst und _________________ in kleine Stücke. Die Schildkröte schiebt den Kopf unter dem Panzer hervor. Langsam kommen Beine und _________________ heraus. „Na, wie fühlst du dich jetzt?“, fragt Tino. Die _________________ geht zum Salatblatt und frisst. „Ja, jetzt merkst du, dass ich dich mag!“, sagt Tino.

*Lene Mayer-Skumanz*

Anzahl richtig eingesetzter Wörter: _________________ /20

Aufgabe 3:

Im folgenden Text sind 8 Wörter hineingerutscht, die nicht hineinpassen. Finde sie und streiche sie durch.

**Der Löwe und die Maus**

Eine kleine Maus kam mit aus ihrem Bau gekrabbelt und geriet zwischen die Pranken eines schlafenden der Löwen. Dadurch erwachte der Löwe groß und packte die Maus verärgert. Die Maus bettelte, sie würde alles Loch für ihn tun, wenn er sie am Leben ließe. Der Löwe fragte sich zwar, wie ihm für eine Maus nützen könnte, aber schließlich schenkte er ihr die Freiheit.

Wenige Tage ist später tappte der Löwe in eine Falle und verfing sich in einem Netz. Er brüllte zornig auf, aber er kam morgen allein nicht frei. Da lief die Maus herbei und nagte an den Maschen, sodass ein Loch rannte im Netz entstand. So konnte sich der Löwe befreien.

*nach Jean de la Fontaine*

Anzahl der gefundenen falschen Wörter: _________________ /8

Aufgabe 4:

Lies den folgenden Text und beantworte dann die Fragen ohne nachzulesen.

**Katzen**

Schon die alten Ägypter hatten Hauskatzen, denn man sieht sie auf Wandgemälden aus dieser Zeit abgebildet. In unsere Gegend kamen die Katzen dann zur Zeit der Kreuzritter (11–13. Jh.), die sie von ihren Zügen mitbrachten. Als Stammform unserer Hauskatze gilt vor allem die Nubische Wildkatze aus Afrika. Nach etwa zwei Monaten Tragzeit bringt eine Katzenmutter durchschnittlich zwei bis drei Junge zur Welt. Die Kleinen sind anfangs noch blind und völlig hilflos. Bei den Wildkatzen dauert es dann fast zwei Monate, bis die Jungen erstmals den Bau verlassen. Wenn sie ein knappes halbes Jahr alt sind, machen sie sich selbstständig und gehen von der Mutter getrennte Wege. Die Wildkatze ähnelt der Hauskatze sehr, sie ist jedoch etwas größer und hat einen dickeren Schwanz. Durch gezielte Zucht ist allerdings in den letzten hundert Jahren eine fast unübersehbare Fülle an Hauskatzerassen entstanden. Es gibt Hauskatzen mit langen und kurzen Haaren, ja sogar solche, die völlig ohne Haare sind. Und auch was die Farbe des Felles angeht, gibt es heute Hauskatzen in vielerlei Varianten, von schwarzblau bis hellrot. Hauskatzen sind heute weltweit verbreitet. Anders als beim Haushund ist es den Züchtern aber bei der Hauskatze noch nie gelungen, sie zu einem folgsamen Freund des Menschen zu machen. Wer selber eine Katze besitzt, weiß, dass sie oft sehr einzelgängerisch und eigensinnig sein kann. So gibt es Tage, an denen man sich tunlichst von ihr fernhält.

*Michael Holtmann*

Kreuze die richtigen Antworten an.

1. Wer hatte schon Hauskatzen?

a) die alten Römer ☐

b) die alten Griechen ☐

c) die alten Ägypter ☐

d) die Indianer ☐

2. Wie lange dauert die Tragzeit der Wildkatzen?
a) zwei Wochen ▢
b) drei Wochen ▢
c) zwei Monate ▢
d) vier Monate ▢

3. Welche Katze gilt als Stammform der Hauskatze?
a) die Nubische Wildkatze ▢
b) die Nubische Waldkatze ▢
c) die Nurische Waldkatze ▢
d) die Norwegische Waldkatze ▢

4. Wie lange dauert es bei den Wildkatzen, bis die Jungen erstmals den Bau verlassen?
a) fast zwei Wochen ▢
b) fast zwei Monate ▢
c) fast drei Monate ▢
d) fast ein Jahr ▢

5. Welche Hauskatzen gibt es nicht?
a) Langhaarkatzen ▢
b) Kurzhaarkatzen ▢
c) Nacktkatzen ▢
d) Grünhaarkatzen ▢

6. Hauskatzen sind … (Mehrfachnennung möglich)
a) … folgsame Freunde des Menschen. ▢
b) … keine folgsamen Freunde des Menschen. ▢
c) … einzelgängerisch. ▢
d) … treu. ▢
e) … eigensinnig. ▢

Anzahl richtiger Antworten: ____________ /6

# Übung 1

Lerntipp

Am besten liest bzw. lernt man mit allen Sinnen, denn je mehr Sinne beim Lernen angesprochen werden, desto besser wird der Lernstoff im Gehirn vernetzt und verankert und kann so leichter wieder abgerufen werden.

## Mit allen Sinnen lesen

### Lesen mit allen Sinnen heißt Lernen mit allen Sinnen

Lernen geht dann richtig gut und schnell, wenn du alle Sinne beim Lernen mit einbeziehst. Denn unsere Sinne sind gleichzeitig Eingangskanäle ins Gehirn. Und je mehr Wege zu einer Information im Langzeitspeicher führen, desto besser können wir sie abrufen.

Wenn du z. B. von einem Urlaub am Meer liest, dann stellst du dir das Meer und den Strand vor, du hörst das Rauschen des Meeres, du spürst den heißen Sand unter deinen Füßen, den Wind auf deiner Haut und du riechst und schmeckst das Salzwasser.

Wenn du so liest, dann führen fünf Wege im Gehirn zu dieser Information. Das Wissen ist gut im Gehirn vernetzt und verankert und kann leichter wieder abgerufen werden.

### Lernen mit allen Sinnen heißt sich alles lebhaft vorstellen

Lernen durch Erleben ist am wirkungsvollsten. Lernen durch das Vorstellen mit allen Sinnen ist aber auch sehr effektiv. Für unser Gehirn ist es nämlich egal, ob wir etwas erleben oder ob wir uns etwas nur lebhaft vorstellen.

Durch die Einbeziehung aller Sinne ist der Lernstoff in einem Wissensnetz fest verankert und kann leichter wieder abgerufen werden.

Dies veranschaulicht das folgende Beispiel:

Max und Moritz lernen etwas über die Honigmelone.
Max sieht nur ein Bild in seinem Buch.
Moritz hat sich eine Honigmelone gekauft. Er **riecht** daran, weil er wissen will, ob sie wirklich nach Honig riecht. Dann spielt er den „Ball" seiner Mutter zu, die die Melone überrascht **fängt**. Sie spielt den „Ball" wieder zurück.

Moritz schneidet nun die Melone auf. Die Schale **knackt** richtig beim Auseinanderschneiden.

Die Frucht ist schon ziemlich reif, dementsprechend **sieht** das Kerngehäuse schon etwas matschig aus. Moritz verzieht leicht angewidert das Gesicht und schabt die Kerne mit einem Löffel heraus. Das geht sehr leicht. Durch die

Reife ist nämlich das Fruchtfleisch schon sehr weich und saftig. Nach dem Entfernen des Kerngehäuses sieht die Melone richtig appetitlich aus und Moritz läuft schon das Wasser im Mund zusammen. Endlich ist es so weit. Moritz **isst** genüsslich die Honigmelone und **schmeckt** die Süße der reifen Frucht.

### Gefühle sind der Antrieb beim Lernen

Was hast du heute vor zwei Wochen gemacht?

Sicher hast du keine Ahnung, außer du hast etwas Besonderes erlebt: einen Geburtstag, einen schönen Ausflug, einen Unfall, einen Urlaub, ein aufregendes Erlebnis. Alle Ereignisse, an die du dich gut erinnern kannst, haben eines gemeinsam: Sie sind mit viel Gefühl verknüpft.

Lernstoff, der in Form von spannenden Geschichten, Spielen, Experimenten, Rollenspielen, Ausflügen und Entdeckungsreisen vermittelt wird, also Lernstoff, der mit Freude, Spaß und Humor gelernt wird, prägt sich wesentlich besser ein.

Beantworte nun die folgenden Fragen und kreuze die richtigen Antworten an. Mehrfachlösungen sind möglich.

1. Lesen und Lernen mit allen Sinnen heißt …

a) … sich alles lebhaft vorzustellen. ☐

b) … möglichst eintönig zu reden. ☐

c) … alle Sinne beim Lesen und Lernen mit einzubeziehen. ☐

2. Warum ist das Lesen und Lernen mit allen Sinnen so wichtig?

a) weil dann das Lernen langsamer geht ☐

b) weil dann das Lernen richtig schnell geht ☐

c) Je mehr Sinne beim Lernen angesprochen werden, desto besser wird der Lernstoff im Gehirn vernetzt und verankert und kann so leichter wieder abgerufen werden. ☐

3. Gefühle sind beim Lernen …

a) … sehr hilfreich. ☐

b) … unwichtig. ☐

c) … lästig. ☐

**Lerntipp**

Lernstoff, der mit viel Gefühl verknüpft ist, prägt sich besonders gut ein.

**Lerntipp**

Verpacke Lernstoff in spannende Geschichten. Versetze dich in andere Personen, experimentiere.

## Übung 2

1. Denke darüber nach, was das Lesen mit allen Sinnen bedeutet. Kannst du es in eigenen Worten erklären?

Lerntipp

Trainiere deine rechte Gehirnhälfte, indem du Tätigkeiten, die du normalerweise mit der rechten Hand ausführst, mit der linken machst.
Nimm z. B. deine Zahnbürste einmal in die linke Hand.

**Umgang mit abstrakten Begriffen im Text:**
Bildhafte Wörter wie „Baum“, „Wald“, „Wiese“ usw. kannst du dir leicht vorstellen. Schwieriger wird es da schon mit abstrakten Begriffen wie „Freiheit“, „Frieden“, „Weisheit“, „Kreativität“ usw.

**Auch abstrakte Begriffe und Informationen musst du dir bildhaft vorstellen.**
Dazu suchst du am besten nach Symbolen oder Fallbeispielen. Ein Symbol für Freiheit wäre zum Beispiel die Freiheitsstatue, für Frieden Ghandi und für Weisheit Buddha.

**Nutze Erlebnisse und Fallbeispiele, um daraus deine Bilder zu beziehen.**
Angenommen, du liest etwas über Motivation*. Dann erinnerst du dich vielleicht an einen Wettkampf in deinem Leben, bei dem dich die Zuschauer so richtig toll angefeuert haben, und aus dieser Situation beziehst du dann deine Bilder für die Motivation.

**Schlage unbekannte Wörter im Wörterbuch nach.**
Wenn ein Wort für dich völlig unbekannt ist, dann schlägst du in einem Wörterbuch nach. Mit der Erklärung kannst du dann wieder nach einem Fallbeispiel aus deinem persönlichen Leben suchen.

* Motivation = Beweggrund

2. Lies nun die folgende Geschichte und stell dir den Textinhalt bildlich vor. Höre die Stimmen und Geräusche in deinem Kopf. Fühle dich in das Geschehen ein. Je mehr Sinne du beim Lesen mit einbeziehst, desto leichter kannst du dir den Textinhalt merken. Schlage unbekannte Begriffe im Wörterbuch nach.

Lerntipp

Kannst du dir die Geschichte wie einen Film in deinem Kopf vorstellen? Kannst du nachempfinden, wie es dem Schwan geht, wie es dem Krebs und wie es dem Hecht geht, wie sie sich mühen und plagen? Kannst du in deinem Kopf hören, wie sie ächzen und stöhnen?

## Nur Einigkeit macht stark

Einmal wollten ein Hecht, ein Schwan und ein Krebs einen Leiterwagen hinter sich herziehen. Sie spannten sich mit Seilen an den Wagen und fingen an, mit Leibeskräften daran zu ziehen. Aber so sehr sie sich auch abmühten – der Leiterwagen ließ sich nicht von der Stelle bewegen.

Dabei wäre es ganz leicht gewesen. Aber jeder strebte in eine andere Richtung: Der Hecht wollte ins Wasser hinab, der Schwan flog nach oben, und der Krebs krabbelte rückwärts.

So schafften es die Tiere nicht, den Leiterwagen in Bewegung zu setzen, und der Wagen blieb stehen, wo er war.

*nach Iwan Krylow*

3. Welche Schlussfolgerung (Lehre) ziehst du aus der Geschichte?

# Übung 3

Lerntipp
Den Inhalt von Sachtexten erfasst du am besten, wenn du Fragen an den Text stellst und sie nach dem Lesen beantwortest. Benutze dazu die W-Fragen: Was, Wie, Wer, Wann, Wo …

**Sachtexte lesen**

- Auch wenn du Sach- und Informationstexte liest, solltest du dir den Textinhalt möglichst mit mehreren Sinnen vorstellen.
- Markiere nur die wichtigen Schlüsselwörter. Schlüsselwörter sind die sinntragenden Wörter im Text. Sie öffnen wie ein Schlüssel die Tür zum Speicherplatz im Gehirn. Liest du das Wort, so fallen dir alle dazugehörigen Informationen ein.
- Einfache Zeichnungen helfen dir, damit du dir den Textinhalt besser vorstellen kannst.
- Schlag Begriffe, die du nicht kennst, im Wörterbuch nach.
- Stell Fragen an den Text, dadurch liest du viel aufmerksamer und konzentrierter.

1. Lies nun den folgenden Sachtext.
   Stell dir den Textinhalt dabei lebhaft vor.

## Die Jahreszeiten

Die Erde dreht sich um ihre eigene Achse. Gleichzeitig dreht sie sich auch um die Sonne. Dazu braucht sie 365 ¼ Tage. Unsere Jahre haben dreimal nacheinander 365 Tage. Jedes vierte Jahr hat zum Ausgleich im Februar einen Tag mehr. Das nennt man dann Schaltjahr. Die Erde steht nicht genau senkrecht auf ihrer Achse, sondern sie ist etwas nach einer Seite geneigt. Der Teil der Erde, der der Sonne näher ist, bekommt daher auch mehr Wärme und mehr Licht. Deswegen gibt es Jahreszeiten. Die Erde dreht sich mit 107 000 Kilometer pro Stunde um die Sonne. Das ist etwa 30-mal so schnell wie das schnellste Flugzeug. Im Dezember ist die nördliche Halbkugel der Sonne am fernsten. Daher ist dann dort Winter und auf der Südhalbkugel Sommer. Im Juni ist die Nordhalbkugel der Sonne zugewandt. Jetzt ist hier Sommer und auf der Südhalbkugel Winter.

*Janet Cook*

*übersetzt von Maria Rosken*

2. Lies den Text noch einmal und markiere die wichtigen Schlüsselwörter im Text. Achtung! Überlege, bevor du ein Wort markierst, ob du es wirklich für die Erinnerung brauchst. Ein Schlüsselwort ist z. B. das Wort „Achse“. Denn wenn du „Achse“ markierst, dann fällt dir sofort ein, dass sich die Erde um ihre eigene Achse dreht.

3. Fertige eine Skizze zum Text an.

**Lerntipp**

Wenn du die wichtigen Schlüsselwörter markiert hast, dann kannst du den Textinhalt anhand der Schlüsselwörter wiederholen.

4. Stell fünf W-Fragen an den Text.

______________________________

______________________________

______________________________

______________________________

______________________________

**Lerntipp**

Indem du Fragen an einen Text stellst, liest du viel aufmerksamer und konzentrierter. Dadurch prägt sich das Gelesene viel besser und nachhaltiger ein.

5. Erzähle den Textinhalt nun mithilfe deiner Skizze mündlich nach.

# Übung 4

Lerntipp

Durch Fragenstellen liest du viel aufmerksamer, weil du gezielt nach Antworten im Text suchst. Auch wenn du eine Information weitererzählst, solltest du die wichtigsten Fragen und deren Antworten im Kopf haben.

### Nachrichtentexte lesen

Natürlich stellst du dir auch Nachrichtentexte möglichst mit mehreren Sinnen vor und wenn du Nachrichten liest, dann solltest du dies mit der Absicht tun, Antworten auf die wichtigsten W-Fragen zu bekommen:

- **Wo** ist es passiert?
- **Wer** ist beteiligt?
- **Wann** ist es passiert?
- **Was** ist passiert?
- **Worum** geht es?

1. Lies nun den folgenden Text und stell ihn dir vor. Lies den Text mit der Absicht, Antworten auf deine Fragen zu bekommen.

## Fische spielen Fußball

Fische sind gescheiter als angenommen. Der US-Amerikaner Dean Pomerleau hat seinen Goldfisch Albert darauf abgerichtet, mit der Schnauze einen Minifußball ins Tor zu schubsen. Alberts Lernfähigkeit ist nichts Besonderes, kommentiert der neuseeländische Biologe Culum Brown (University of Canterbury) die sportliche Leistung: Trotz ihres kleinen Gehirns verfügen Fische über eine beträchtliche Intelligenz. So zeigen Studien, dass sie sich noch nach Jahren an ein Fluchtloch in einem Fischernetz erinnern. Brown fordert dazu auf, die Hirnpower der Meeresbewohner viel intensiver zu erforschen – vielleicht lernen wir selber dabei noch ein wenig mehr über unsere eigene.

2. Markiere die Antworten im Text auf die folgenden Fragen.

Wo war das?
Wer ist beteiligt?
Was sagt der Biologe Culum Brown zu diesem Ereignis?
Worum geht es?

3. Erzähle deiner Sitznachbarin bzw. deinem Sitznachbarn den Textinhalt.

# Übung 5

## Überfliegendes Lesen oder Slalomlesen

Durch das überfliegende Lesen sollen die Kerngedanken eines Dokuments schnell erfasst werden. Ein Beispiel hierfür ist das Lesen einer Zeitung. Diese wird in der Regel nicht von A bis Z durchgelesen, sondern der Leser springt von Schlagzeile zu Schlagzeile. Der Fließtext wird spaltenweise überflogen.

Information

Überfliegendes Lesen wird oft auch **Slalomlesen** genannt, weil man den Blick wie bei einem Slalom über den Text gleiten lässt. Es ist in erster Linie dazu da, damit du dich orientieren und dir einen ersten groben Überblick über einen Text verschaffen kannst.

## Schneller lesen

Ein Text kann so drei- bis viermal schneller als normalerweise gelesen werden, was besonders bei Zeitdruck hilfreich ist. Auch bevor man sich mit einem Text intensiv auseinandersetzt, kann man ihn durch das überfliegende Lesen auf seine Brauchbarkeit hin prüfen.

Lerntipp

Zu lernen einen Text zu überfliegen, bedarf der Übung. Besonders eignen sich dazu Zeitungsartikel.

### Rezept für das überfliegende Lesen

Man nehme:

1) eine große Portion Neugier und Wissenshunger
2) eine Tasse Scharfsinn zum Auffinden der Schlüsselwörter
3) einen Becher Logik und einen Becher Weitblick zum Entscheiden, welcher Textinhalt wichtig ist
4) viel Freude und Spaß am Lesen

Alle Zutaten vereinen. Gutes Gelingen!

Lerntipp

Überfliegendes Lesen ist auch wichtig, wenn du Informationen zu einem Thema im Internet suchst und dazu mehrere Seiten durchschaust.

> **Lerntipp**
> Wir brauchen zu einem Begriff immer eine Vorstellung, um ihn zu verstehen und um ihn uns zu merken. Frag nach, wenn du Wörter bzw. Satzteile aus dem Text nicht verstanden hast, oder schlag in einem Wörterbuch nach.

**Beim überfliegenden Lesen orientiert man sich an Gliederungsmerkmalen:**

- Lies zuerst alle hervorgehobenen Überschriften, Titel, Untertitel und Wörter im Text und betrachte die Bilder.
- Lies Zusammenfassungen und Aufzählungen.
- Lies jeweils die ersten und letzten Absätze eines Kapitels, weil diese meist schon den Hauptgedanken enthalten.

**Nützliche Fragen zur Orientierung lauten:**

- Um welche Art Text handelt es sich? Ist es z. B. eine Gebrauchsanweisung, ein Zeitungsartikel, ein Küchenrezept?
- Worum geht es im Text? Was ist die Kernaussage des Textes?
- Was sagen dir die Überschriften?
- Was wird durch die Illustration ausgedrückt? Dienen die Bilder der Unterhaltung oder der Verdeutlichung des Inhaltes?

1. Überfliege den folgenden Text.

## Bunter Brotaufstrich

**Du brauchst:**

- je einen halben roten, grünen und gelben Paprika
- 1 Packung Quark (10 % oder 20 % Fett)
- 1 Becher Sauerrahm
- ½ Becher Joghurt
- frischen Schnittlauch (oder frische Kresse)
- ein paar kleine Tomaten zum Verzieren
- Salz, Pfeffer

**Du brauchst außerdem:**

- eine Rührschüssel
- ein Schneidebrett
- ein Küchenmesser
- einen Schneebesen

So geht's:

- Gib den Quark mit dem Sauerrahm und dem Joghurt in die Rührschüssel und verrühre alles zu einem glatten Brei. Gib auch gleich eine Prise Salz und eine Prise Pfeffer dazu. Du kannst ja später kosten und dann noch einmal nachwürzen.
- Jetzt wasche den gelben, den roten und den grünen Paprika unter fließendem Wasser. Das ist wichtig, damit der Schmutz und die Spritzmittel abgewaschen werden. Halbiere die Paprika vorsichtig mit dem Messer und entferne die Kerne.
- Jeweils einen halben Paprika schneidest du in kleine Würfel und gibst sie zur Quarkmasse dazu. Die andere Hälfte schneidest du in Streifen und legst sie beiseite. Die kannst du dann zu deinem Brot dazu knabbern.
- Wasche nun den Schnittlauch und schneide ihn klein. Gib die Hälfte zum Aufstrich dazu. Den Rest hebe auf zum Verzieren.
- Jetzt rühre alles gut durch und koste noch einmal, ob du noch Salz dazugeben musst.
- Wenn du mit dem Geschmack zufrieden bist, streue den restlichen Schnittlauch zum Verzieren über den Aufstrich. Schneide zum Schluss noch die kleinen Tomaten auseinander und dekoriere damit den Aufstrich, denn auch das Auge isst mit.

- Richtig köstlich schmeckt der Aufstrich mit frischem Brot und Gebäck.

2. Beantworte nun die folgenden Fragen.

a) Um welche Art Text handelt es sich?

_______________________________________________

b) Worum geht es im Text? Was ist die Kernaussage des Textes?

_______________________________________________

c) Was wird durch die Illustration ausgedrückt? Dienen die Bilder der Unterhaltung oder der Verdeutlichung des Inhaltes?

_______________________________________________

d) Welchen Eindruck hast du gewonnen? Wird die Zubereitung schwierig werden?

_______________________________________________

# Übung 6

Lerntipp

Das **Scanning** benötigst du ganz besonders, wenn du im Internet nach Informationen zu einem Thema suchst.

## Scanning

Beim Scanning überfliegst du den Text und suchst ihn nach bestimmten inhaltlichen Informationen ab. Wenn du ein bestimmtes Wort in einem Wörterbuch suchst, benutzt du das Scanning. Du benutzt es aber auch, wenn du die Antwort auf eine bestimmte Frage in einem Text suchst.

Dabei achtest du auf die Bilder, Titel und Untertitel, Aufzählungszeichen, Hervorhebungen und die jeweils ersten und letzten Absätze eines Kapitels.

Beim Scanning nehmen deine Augen alles Übrige zwar noch wahr, doch da es für dich in der Situation unwichtig ist, konzentrierst du dich darauf nicht und merkst es dir auch nicht.

Überfliege den folgenden Text und markiere die Antwort auf die Frage: Welcher Pilz wird bei fast allen Vergiftungen gegessen? Springe dabei mit deinen Augen von einer hervorgehobenen Textstelle zur nächsten.

Lerntipp

Springe mit deinen Augen von einer hervorgehobenen Textstelle zur nächsten. Dort, wo du die Antwort auf deine Frage vermutest, liest du dann genauer.

## Pilze

Rund 5 000 Pilzsorten gibt es in Mitteleuropa, etwa 150 davon sind giftig.

Drei wichtige Regeln gibt es, wenn man einen giftigen Pilz gegessen hat: sofort zum Arzt; Pilzreste und Erbrochenes aufbewahren, damit der Arzt testen kann, welchen Giftpilz man verputzt hat; auf keinen Fall Milch trinken – durch Milch kann das Gift sogar noch viel schneller wirken.

Bei 90 Prozent der tödlichen Vergiftungen – also bei fast allen – haben Menschen zuvor den Grünen Knollenblätterpilz geschluckt.

Der Fliegenpilz gehört zu den Giftpilzen. Bis zu 30 Zentimeter misst sein roter Hut. Seine weißen Punkte verschwinden bei Regen.

*Anke Dörrzapf*

# Übung 7

Versuche bei den folgenden Spalten jeweils die Wörter mit einem Blick zu erfassen. Lass das Auge in der Mitte der Spalte nach unten wandern.

## Witze

1. „Max, ich sagte doch, du sollst aufpassen, wann die Milch überkocht!“ „Hab ich doch. Es war genau fünf nach acht!“

2. „Wenn ich nur wüsste, was ich meiner Schwester zum Geburtstag schenken soll!“ „Frag sie doch einfach!“ „Lieber nicht, das wird mir dann zu teuer!“

3. „Tante Anna, ich möchte mich für das schöne Spielzeug zu meinem Geburtstag bedanken.“ „Aber, mein Junge, das ist doch nicht der Rede wert.“ „Das finde ich auch, aber Mutti meint, ich soll mich trotzdem bedanken.“

**Lerntipp**

Erfasse ganze Wortgruppen mit einem Blick. So liest du schneller, ermüdest weniger und erfasst den Sinn des Textes besser.

**Lerntipp**

Verzichte darauf, beim Lesen leise mitzusprechen oder mit dem Zeigefinger auf Wörter zu zeigen. Das verlangsamt die Lesegeschwindigkeit.

# Übung 8

1. Versuche bei den folgenden Spalten jeweils eine Zeile mit einem Blick zu erfassen. Lass das Auge in der Mitte der Spalte nach unten wandern. Verzichte darauf, leise mitzusprechen oder mit dem Zeigefinger auf Wörter zu zeigen, die du gerade liest.

**Lerntipp**
Mehrere Wörter mit einem Blick zu erfassen, kannst du am besten mit Zeitungstexten üben.

Bei der folgenden Übung geht es darum, die Augenbewegungen zu verringern. Durch die vielen Haltepunkte leistet das Auge nämlich Schwerstarbeit. Das ermüdet den Leser und das Lesen erfolgt außerdem viel langsamer. Das ist nicht notwendig. Denn wir können ganz leicht ein paar Wörter mit einem Blick erfassen.

2. Lies nun diesen Text Spalte für Spalte.

## Haben Mücken eine Vorliebe für süßes Blut?

Es gibt Menschen, die werden besonders stark von Mücken belästigt, und andere werden kaum gestochen. Den beliebten Opfern sagt man nach, dass sie besonders süßes Blut hätten. Doch das ist nicht der Fall. Die Plagegeister (übrigens nur die weiblichen Mücken) ziehen sich nämlich aus menschlichem Blut das Protein zur Bildung ihrer Eier und haben gar keine Vorliebe für das Süße. Stattdessen hat es ihnen ein spezieller Geruchsmix angetan. Forscher fanden heraus, dass der größte Teil der Duftstoffe auf der menschlichen Haut, und zwar bis zu 80%, aus Milchsäure bestehen muss. Der Rest setzt sich überwiegend aus Ammoniak und Fettsäure zusammen. Der Zuckergehalt hat keinerlei Einfluss auf die Wahl der Insekten. Übrigens lässt sich der verlockende Duft nicht abwaschen, sondern nur mit Abwehrlotionen überdecken. Schützend wirken beispielsweise Essig, Zitronensaft oder Knoblauch.

*Iris Hammelmann*

3. Schaffst du diesen Text auch noch?

## Ein Bräutigam für Fräulein Maus

Fräulein Maus war so hübsch, dass ihre Mutter und ihr Vater beschlossen, es nur mit dem mächtigsten Geschöpf auf Erden zu vermählen. So machten sie sich auf die Suche nach einem Ehemann für ihre Tochter. Zuerst gingen sie zum Sonnenschein. „Sonnenschein“, baten sie, „bitte heirate unsere hübsche Tochter!“ Der Sonnenschein sagte, er wäre sehr glücklich, das hübsche Fräulein Maus zur Frau zu bekommen.

Da der Sonnenschein so schnell bereit war, ihre Tochter zu heiraten, überlegten Herr und Frau Maus, ob sie nicht einen Fehler gemacht hätten. „Bist du tatsächlich das mächtigste Geschöpf der Welt?“, wollten sie wissen.

„Ich? Nein!“, antwortete der Sonnenschein. „Der Regen ist mächtiger als ich, denn wenn es regnet, werde ich vom Himmel fortgetrieben.“ „Tut uns leid“, sagten Herr und Frau Maus, „aber wir wünschen unsere Tochter mit dem mächtigsten Geschöpf zu verheiraten.“ Sie gingen zum Regen. Aber der Regen behauptete, der Wind sei stärker als er, denn Regenwolken würden immer vom Wind umhergetrieben.

„Tut uns leid“, beteuerten Herr und Frau Maus, „aber wir wünschen unsere Tochter mit dem mächtigsten Geschöpf zu verheiraten.“ Sie gingen zum Wind, der versprach gerne, ihre Tochter zu heiraten. Doch dann stellte sich heraus, dass auch er nicht das mächtigste Geschöpf war. Wie sehr er sich auch bemühte, er hätte doch nicht den Berg wegblasen können, der ihm im Wege stand.

Herr und Frau Maus lehnten ab: „Tut uns leid“, und sie gingen zum Berg. Aber der Berg sagte, er sei nicht das mächtigste Wesen der Welt. Der Stier käme jeden Abend, um seine Hörner an dem Berg zu schärfen; er breche dabei große Brocken Erdreich ab, und der Berg könne nichts tun, um das Schreckliche zu verhindern.

Also gingen Herr und Frau Maus zum Stier, der sehr bedauerte, sagen zu müssen, dass er nicht das mächtigste Geschöpf der Welt sei. Er müsse sich nach rechts und links drehen, wie der Strick es befehle. Herr und Frau Maus gingen zum Strick.

Der Strick war hocherfreut über die Idee, das hübsche Fräulein Maus zu heiraten; aber auch er musste anerkennen, dass es ein mächtigeres Wesen gäbe als ihn; nämlich den Mäuserich, der im Kuhstall wohne. Jede Nacht käme der Mäuserich, um an dem Strick zu nagen, und der Strick sei dagegen wehrlos.

Also wurde der Mäuserich, der im Kuhstall lebte, zum Bräutigam für Fräulein Maus auserkoren. Er war ein tüchtiger, hübscher Bursche und ein guter Ehemann für das schöne Fräulein Maus.

# Übung 9

1. Hier fehlen die Abstände. Kannst du den Text trotzdem schnell und fehlerfrei lesen? Wie lange brauchst du dafür?

## DieKöniginderBlumen

Lerntipp
Je schwieriger der Text, desto langsamer muss die Lesegeschwindigkeit sein, sonst leidet das Verständnis.

DerJuniwirdauchderRosenmonatgenannt.Nunöffnetdie„Königinder Blumen"ihreBlüten.KeineandereBlumespieltinderGeschichteder MenscheneinesogroßeRolle.SchonKleopatra,dieägyptischeKönigin, ruhteaufKissen,diemitduftendenRosenblätterngefülltwaren.Invielen Geschichten,GedichtenundMärchenkommenRosenvor.Daswohl bekanntesteRosenmärchenist„Dornröschen".DieRoseisteinSymbolfür SchönheitundLiebe,wegenihrerDornenaberauchfürStolzundSchmerz. WildrosenwiedieHundsrosegehörenzudenUrformenunsererGarten-rosen.SieblühennureinmalimJahr.ImHerbstsindsiemitHagebuttenge-schmückt.

*Dagmar Binder*

Zeit: ________

2. Hier fehlt der Vokal „e". Gelingt es dir trotzdem, den Text zu lesen? Stoppe deine Zeit beim zweiten Lesedurchgang. Wie lange brauchst du?

## Hund*

### D*r Hund – d*in Fr*und und H*lf*r

Nicht nur in d*r Fr*iz*it gilt d*r Hund als b*st*r Fr*und d*s M*nsch*n. S*in* b*sond*r*n *ig*nschaft*n mach*n ihn auch zum wichtig*n H*lf*r.

### Schlitt*nhund*

Das Zi*h*n von Schlitt*n, in R*gion*n, wo das ganz* Jahr üb*r Schn** li*gt, ist für Schlitt*nhund* k*in Probl*m. Schlitt*nhund* li*b*n *s, j*d*n Tag *inig* Stund*n zu lauf*n.

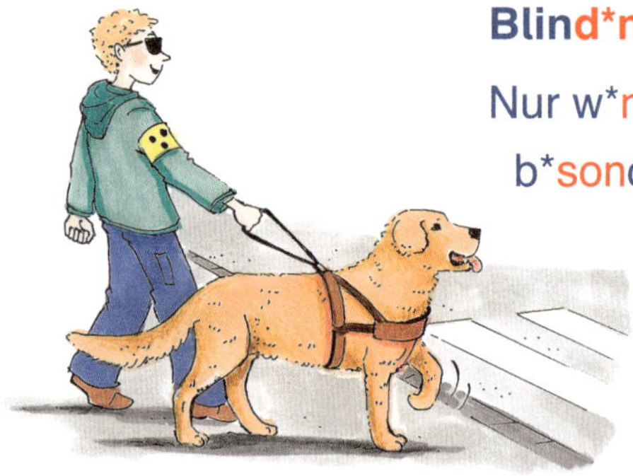

### Blind*nhund*

Nur w*nig* Hund*rass*n *ign*n sich für Blind*nhund*, w*il si* b*sond*rs vi*l* positiv* *ig*nschaft*n brauch*n. D*r Blind* muss sich schli*ßlich ganz auf s*in*n Hund v*rlass*n könn*n. D*r Blind*nhund muss all*in* di* Wohnung wi*d*rfind*n, üb*r di* Straß* g*h*n könn*n und sich in G*schäft*n zur*chtfind*n. Ab*r *r muss s*in H*rrch*n od*r Frauch*n auch zur Arb*it bring*n könn*n, mit Bus und Bahn fahr*n und vi*l*s m*hr.

### R*ttungshund*

R*ttungshund* such*n M*nsch*n, di* durch Lawin*n v*rschütt*t wurd*n od*r sich in Wäld*rn und B*rg*n v*rlauf*n hab*n. Si* unt*r d*n Schn**mass*n zu find*n, ist auch für Hund* nicht l*icht.

### Hirt*nhund*

Hirt*nhund* b*wach*n ganz* H*rd*n von Schaf*n od*r Zi*g*n. Si* umkr*is*n di* H*rd* und halt*n si* so zusamm*n. Si* find*n auch l*icht v*rirrt* Ti*r* wi*d*r.

Zeit: __________

3. Im folgenden Text sind Buchstaben durcheinandergewirbelt worden. Der erste und letzte Buchstabe eines jeden Wortes stimmen aber und deshalb kannst du sie im Zusammenhang auch lesen. Wie lange brauchst du dafür?

## Wer eaminl lgüt, dem gbualt man nicht, und wnen er auch die Wiehrhat shcirpt!

Ein Jgnue musste Schfae hüten und lgnawilete sich. Da schire er: „Hflie! Hflie! Der Wlof!“ Sofort keman die Beraun mit den Mtsilebagn, Dreschflegeln und Kleppnün angerannt. Aebr weit und breit war kein Wlof zu seehn. Der Sapß gefiel dem Jegnun. Nedachm er sein Gerhcsei zwei, drei Mal wlohrediet hatte, kam der Wlof wcilkrih und strich um die Hdree. Der Jgnue schrie wieder: „Hflie! Hflie! Der Wlof!“ Da lethcan die Breuan und metnien, sie setllon noch einmal an der Nsae hrhüfegmuret werden. Keiner ktremmüe sich um das Geerschi. Als nun der Wlof merkte, dass die Breuan im Drof blieben, bcarh er in die Hdree ein und farß sich voll.

Zeit: __________

# Übung 1

1. Ein Schüler bzw. eine Schülerin soll die folgende Fantasiereise vorlesen. Die Entspannungsübung kann auch mit Entspannungsmusik untermalt werden.

> Lerntipp
>
> Die ständige Reizüberflutung durch Fernsehen, Radio, Gameboy und Computer schwächt die Konzentration. Durch Ruhe und Entspannung bekommst du wieder einen klaren Kopf.

## Eine Fantasiereise

Mach es dir nun einmal ganz bequem. Schließe deine Augen und lass einfach los. Beobachte deinen Atem und während du ihn beobachtest, lässt du ihn behutsam tiefer werden.

**Pause**

Mit jedem Atemzug wirst du ruhiger. Alles, was dich bewegt, atmest du einfach aus. Lass es los!

**Pause**

Gelassenheit, Ruhe und Entspannung durchströmen dich.

**Pause**

Du wirst immer ruhiger, immer gelassener. Du fühlst dich immer wohler, bist nun vollkommen entspannt.

**Pause**

> Lerntipp
>
> Je entspannter du bist, desto besser kannst du lernen.

In deiner lichten Innenwelt kommst du nun auf eine Wiese. Die Sonne scheint strahlend vom Himmel und wärmt dich. Du spürst das Gras unter deinen Füßen und atmest die frische Luft tief ein. Mmmmhhh.

Nach einer Weile kommst du an einen See. Die Wellen kräuseln sich leicht. Du spürst den Wind, der zärtlich über deine Wangen streicht. Du setzt dich auf eine Bank und betrachtest das Wasser. So friedlich, so still ist es hier.

Lass deiner Fantasie freien Lauf und erschaffe dir einen Ort, an dem du dich ganz besonders wohlfühlst.

> Lerntipp
>
> Gutes Konzentrationsvermögen erfordert Ruhe und einen Arbeitsplatz, an dem du dich wohlfühlst.

**Längere Pause**

Nun sind deine Batterien wieder aufgeladen. Komm langsam wieder zurück in den Raum, so, wie es sich gut für dich anfühlt. Öffne deine Augen, räkle und strecke dich, sodass du wieder ganz wach und frisch wirst.

Ihr könnt die Entspannungsübung ruhig einmal am Tag machen. Wechselt euch beim Vorlesen ab. Je öfter ihr die Übung anwendet, desto leichter und schneller kommt ihr in einen entspannten Zustand.

Lerntipp

Gutes Feedback ist nicht nur eine Aufzählung von Fehlern, sondern beinhaltet auch positive Rückmeldungen.

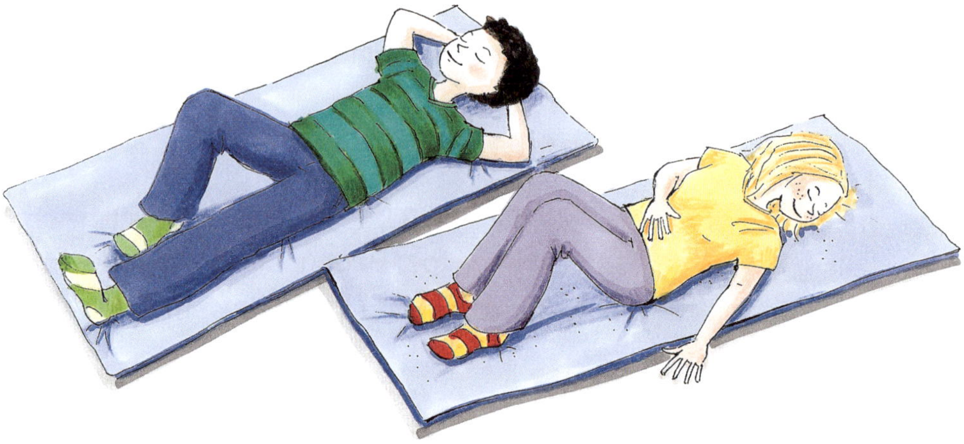

2. Gib dem Vorleser dein Feedback[1]: Wie hat dir gefallen, wie die Übung vorgelesen wurde? Begründe deine Aussage und erkläre der Person, die die Entspannungsübung vorgelesen hat, deine Sichtweise und zwar möglichst beschreibend, nicht wertend. Gib deinem Gegenüber eine möglichst konkrete Beschreibung seines Verhaltens und deiner Reaktionen darauf, z. B. „Mir hast du zu schnell gelesen, da konnte ich mich nicht so richtig entspannen.“ …

   Vermeide jede kritische Infragestellung seiner Person, wie z. B. „Ich wusste gleich, dass du das nicht gut kannst.“

3. Erstellt Feedbackregeln. Bildet dazu Teams und recherchiert[2] im Internet. Präsentiert die Ergebnisse eurer Recherche in der Klasse. Schreibt sie auf ein Plakat und hängt sie im Klassenzimmer auf.

Suchmaschine: www.google.de
Suchbegriff: Feedbackregeln

Lerntipp

Gutes Feedback betrifft immer das Verhalten einer Person und nicht die Person selbst und ist immer beschreibend und nicht wertend. Es erfordert viel Einfühlungsvermögen, weil Kritik häufig verletzt.

[1] Feedback = Rückmeldung

[2] recherchieren = nachforschen, ermitteln

# Übung 2

## Die Stress-Reduzierungspunkte

Lerntipp

Nur eine wiederholte Durchführung bringt Erfolg. Diese Übung ist besonders zum Stressabbau vor und während Prüfungssituationen geeignet.

Immer dann, wenn du deine Gedanken sammeln willst, wenn du dich blockiert fühlst und nicht mehr weiterkommst, oder wenn du einfach entspannen willst, dann solltest du deine Stress-Reduzierungspunkte massieren.

Indem du dir im Sitzen die Stirn hältst, berührst du die Stirnbeinhöcker, die in der Kinesiologie* auch Stress-Reduzierungspunkte heißen. Diese beiden Punkte sind Reflexpunkte. Sie liegen beim Erwachsenen zwei bis drei Fingerbreit oberhalb der Augenbrauen.

Die Stirnbeinhöcker kannst du spüren. Sie fühlen sich wie kleine Erhebungen an.

Berühre die Stirnbeinhöcker so lange, wie du es für nötig hältst und wie es dir angenehm ist.

*M. Lesch, G. Förder*

* Kinesiologie = Lehre von der Bewegung

# Übung 3

## Überkreuzbewegungen

Lerntipp
Schon auf dem Schulweg kannst du Überkreuzbewegungen machen.

Jeder Mensch besitzt zwei Gehirnhälften. Dabei steuert die linke Gehirnhälfte die Bewegungen der rechten Körperhälfte, die rechte Gehirnhälfte steuert jene der linken Seite. Wir können dann am besten lernen, wenn beide Hälften gut zusammenarbeiten.

Werden nun gleichzeitig linkes Bein und rechter Arm bewegt und umgekehrt, wie wir das bei den Überkreuzbewegungen machen, schalten die beiden Gehirnhälften zusammen und sorgen so dafür, dass du konzentriert lernen und lesen kannst.

Gehe, hüpfe oder tanze zu Musik. Bewege dich vorwärts, seitwärts oder rückwärts oder marschiere auf der Stelle. Bewege dabei aber immer den rechten Arm zusammen mit dem linken Bein bzw. den linken Arm mit dem rechten Bein. Es kommt darauf an, mit diesen Bewegungen immer wieder die Mittellinie des Körpers zu überqueren.

**Beispiele für Überkreuzbewegungen:**

Schwinge locker Arme und Beine beim Gehen.

Ziehe abwechselnd das rechte Knie zum linken Ellbogen, das linke Knie zum rechten Ellbogen.

Schwinge gleichzeitig den rechten Arm nach rechts, das linke Bein nach links und umgekehrt.

Führe im Sitzen abwechselnd die rechte Hand zum linken Knie, und hebe dabei das linke Knie leicht an und umgekehrt.

*M. Lesch, G. Förder*

# Übung 4

1. Emil ist größer als Klaus, Dieter ist größer als Bernhard.
   Klaus ist kleiner als Anton, aber größer als Dieter.
   Anton ist kleiner als Emil.
   Ordne die fünf Jungen ihrer Größe nach und beginne mit dem Kleinsten.

Lerntipp

Am einfachsten löst du die Aufgabe, wenn du je einen Namen auf einen kleinen Zettel schreibst und diese dann nach der Angabe ordnest.

 ______________  ______________  ______________

 ______________  ______________

2. Lisa läuft schneller als Hanna. Petra läuft langsamer als Lisa.
   Welche Schlussfolgerungen können richtig sein? Kreuze an.

a) Petra läuft genauso schnell wie Hanna. ☐

b) Petra läuft schneller als Hanna. ☐

c) Petra läuft langsamer als Hanna. ☐

d) keine von den drei vorhergehenden Schlussfolgerungen ☐

3. Drei Herren haben jeweils ein Hobby und einen Beruf.
   Einer ist Zahnarzt, der andere Jurist und der dritte Pilot.
   Herr Lend ist nicht der Pilot und Herr Land ist kein Jurist.
   Ihre Hobbys sind unterschiedlich.
   Der dritte Herr heißt übrigens Lind.
   Der Pilot spielt nicht Golf, der Jurist ist leidenschaftlicher Tennisspieler und Herr Land hasst Polo.
   Nenne die Berufe und die Hobbys der drei Herren.

Lerntipp

Beginne damit, die drei Berufe nebeneinander aufzuschreiben. Suche dann nach den eindeutigen Angaben, die gegeben sind (z. B.: Der dritte Herr heißt Lind) und ergänze dann den Rest.

Herr Lend = Beruf: ____________________ Hobby: ____________________

Herr Land = Beruf: ____________________ Hobby: ____________________

Herr Lind = Beruf: ____________________ Hobby: ____________________

*Karin Ammerer*

## Übung 5

Bringe die folgenden zehn Bausteine in die richtige Reihenfolge. Beginne mit Baustein 6 und schreibe die richtige Reihenfolge der Bausteine auf. Es gibt zwei Lösungsmöglichkeiten. Schreibe beide auf.

**Lerntipp**

Wenn du Schwierigkeiten beim Vorstellen hast, dann kopiere die Figuren, schneide sie aus und lege sie zusammen.

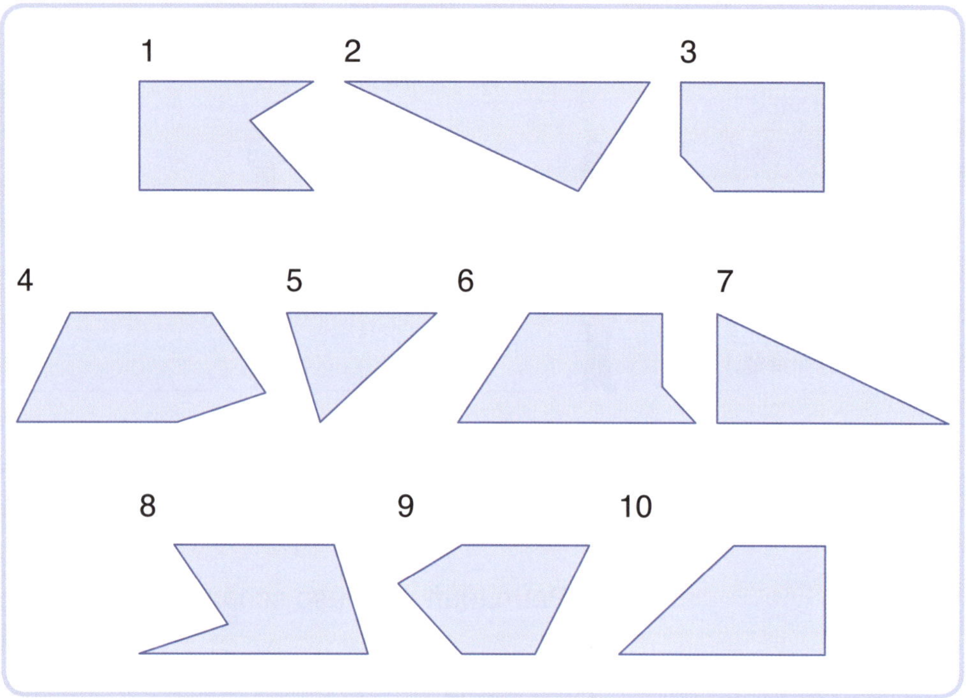


Lösungsmöglichkeit 1: 6 ___ ___ ___ ___ ___ ___ ___ ___ ___

Lösungsmöglichkeit 2: ___ ___ ___ ___ ___ ___ ___ ___ ___ ___

*Karin Ammerer*

# Übung 1

Lerntipp
Vergiss nicht, dir die Geschichte mit allen Sinnen vorzustellen.

## Brav wie ein Schaf

Hallo Leute, ich bin Krissi!

Es gibt ein Wort, das macht mich richtig wild. Dieses Wort lautet „brav“. Ich drehe halb durch, wenn jemand zu mir sagt: „Krissi, sei schön brav!“

Brav! Ächz! Auf brav reimt sich Schaf. Brav wie ein Schaf, das auf der Weide steht, Gras zupft und friedlich vor sich hin kaut. Ab und zu gibt es einmal ein fröhliches „Bäää“ von sich, aber sonst ist es richtig brav, das Schaf!

Stopp! Versteht mich nicht falsch. Ich habe nichts gegen Schafe. Ich mag sie sogar sehr gerne und finde nicht, dass Schafe dumme Tiere sind. Aber ich will wirklich nicht brav wie ein Schaf sein. Das ist nämlich pottlangweilig. Außerdem kann man, wenn man wirklich ganz besonders brav, also richtig schafsbrav ist, in schaurige Schwierigkeiten kommen. Ich zum Beispiel wurde verdächtigt …

Nein, das sage ich noch nicht. Es ist auch zu schrecklich. Damals, als ich so schafsbrav war und all das geschehen ist, habe ich mich nicht einmal mehr aus dem Haus gewagt. Angefangen hatte alles mit dem Satz: „Krissi, Bix, Vanessa, bütte, sötzt euch hierhör und soid schön brav!“ So komisch spricht nur eine, nämlich Frau Löblich, die Direktorin unserer Schule. Sie hatte uns nach der letzten Stunde am Schultor erwartet und aufgehalten. Wir mussten mit ihr zur Direktion gehen und uns auf drei Stühle im Vorzimmer setzen. „Ich hobe noch zu orbeiten“, erklärte Frau Löblich, die mich jedes Mal an eine Forelle erinnert, wenn sie spricht. Ihre Lippen sind immer zu einem O geformt.

Bix und Vanessa sind meine beiden besten Freundinnen und wirklich schwer in Ordnung. Wir müssen oft etwas in Geheimschrift schreiben, da uns drei ein großes Geheimnis verbindet. Es hat zu tun mit einem Raum im Keller des Rathauses, den nur wir drei betreten können. Aber das ist jetzt noch nicht so wichtig. Zuerst muss ich erzählen, was in der Schule los war. Wir saßen auf den Stühlen und sahen uns an. „Was soll das?“, flüsterte Vanessa. „Haben wir was ausgefressen?“ Keine von uns hatte ein schlechtes Gewissen.

Durch die offene Tür konnten wir Frau Löblich an ihrem großen Schreibtisch sitzen sehen. Sie trug eine komische Brille mit halben Gläsern und korrigierte Klassenarbeiten. Vanessa war diesmal die Mutigste. Sie klopfte an die Tür und fragte: „Entschuldigung, Frau Direktor, aber warum müssen wir hier sitzen?“ Frau Löblich verzog den Mund zu einem noch runderen O und flötete: „Och ihr ormen Kündlein, hob ich das nicht gesagt? Krissis Mutter hot ongerufen. Sie verspätet sich ein büsschen. Seid schön brov!“, ermahnte uns Frau Löblich noch einmal. Also saßen wir schafsbrav da und guckten Löcher in die Luft. Aber lange stillsitzen kann ich einfach nicht, deshalb stand ich auf. Ein Stück weiter stand an der Wand das große Fotokopiergerät. Die Glasscheibe, auf die man die Vorlage legt, lachte mich irgendwie richtig an. Mir fiel etwas ein, was mein großer Bruder Antonius vor einiger Zeit gemacht hatte: Er hatte in Papas Büro zuerst seine Hand und dann sein Gesicht auf die Glasplatte des Kopierers gedrückt und sich selbst kopiert. Was dabei herauskam, hat absolut urkomisch ausgesehen. Es war wirklich das Bravsein, das mich zu einem kleinen Teufel machte. Ich konnte nicht anders. Ich musste auch mein Gesicht auf die Glasplatte pressen …

1. Beantworte mündlich die folgenden Fragen.
   a) Wie heißt die Hauptfigur in der Geschichte?
   b) Wie heißt die Direktorin in der Schule?
   c) An was erinnert Krissi die Direktorin, weil sie so komisch spricht?
   d) Wie heißen die beiden besten Freundinnen der Hauptfigur?
   e) Warum müssen die Freundinnen im Vorzimmer sitzen?
   f) Wer ist Antonius?
   g) Was hat Antonius vor einiger Zeit gemacht?

2. Überlege, wie die Sache mit dem Kopierer weitergehen könnte. Lies erst dann weiter. Im nächsten Textabschnitt erfährst du es.

3. Hier ist die Fortsetzung der Geschichte, aber in diesen Textabschnitt sind 10 Wörter hineingerutscht, die den Sinn stören. Finde sie und streiche sie durch.

… „Krissi, hör auf!“, hörte ich mit Bix zischen. „Lass das!“, warnte und mich Vanessa. Aber ich hörte nicht auf sie. Mit den Fingern suchte ich nach der Starttaste. Ich fand sie auch und hell drückte sie. Unter mir flammte ein grünes Licht Lampe auf. Eine längliche Lampe drehte sich ganz schnell von einer Seite auf die andere und lichtete mich grün dabei ab. Leider machte der Kopierer dabei ziemlich viel leise Lärm. Ich sauste schnell in die Höhe und wollte ihn stoppen. Aber das Ding hat so viele verschiedene Schalter und Knöpfe! Weil ich wir nicht wusste, welchen ich drücken sollte, schlug ich einfach auf alle drauf. Das Ergebnis war ein fangen Wahnsinn. Der Kopierer drehte durch. Er spuckte nicht nur ein Blatt mit meinem total verzerrten und verknautschten Gesicht aus, sondern mehrere. Erst jetzt fiel mir auf, dass bunt neben dem Gerät ein Gestell mit vielen Fächern stand, das normalerweise am Kopierer angeschraubt ist. Das erste Blatt fiel einfach zu Boden. Die nächsten hoch Blätter aber kamen immer schneller und der Kopierer schleuderte sie richtig in die Luft. Ich versuchte sie zu fangen, aber es war unmöglich.

Bix und Vanessa waren aufgesprungen, um mir zu helfen. Um uns herum wirbelten die Fotokopien. Es schneite Papier …

4. Überlege, wie die Sache mit dem Kopierer weitergehen könnte. Lies erst dann weiter. Im nächsten Textabschnitt erfährst du es.

5. Hier ist die Fortsetzung der Geschichte; auch in diesen Textabschnitt sind Wörter hineingerutscht, die den Sinn stören. Finde sie und streiche sie durch.

… „Wos ist denn dort hinten draußen los? Soid ihr auch schön brov?“, erkundigte sich Frau Löblich. Wie die Wilden fanden sammelten wir die Fotokopien ein, aber der Kopierer wurde immer schneller und ständig schleuderte ständig weitere Blätter heraus. Wir hörten das Schaben eines Stuhls und Schritte. Frau Löblich tauchte in der sperrte Tür auf, riss die Augen weit auf und schlug die Hände vor das Gesicht. „Noin!“, war das Einzige, was sie herausbrachte. Das ganze Vorzimmer groß war mit einer dicken Lage Papier bedeckt. Von jedem Blatt glotzte mein zerdrücktes Gesicht. Bix, Vanessa und ich hielten Hunderte von Zetteln weiß verzweifelt an die Brust gepresst. In diesem Augenblick kurzen kam Mutti. Es war, als wäre der Film gerissen. Keiner schnell bewegte sich. Keiner sagte etwas. Sogar der Kopierer war verstummt, weil ihm das Papier ausgegangen neu war. Mutti bückte sich und hob ein Blatt auf. Als sie mein Gesicht erkannte, tauchte eine steile Falte groß zwischen ihren Augen auf. Diese Falte heißt „Achtung, gefährlich“. Sie blau bedeutet Alarmstufe rot …

*Thomas Brezina*

6. Was glaubst du, welche Folgen die Sache mit dem Kopierer hat?

# Übung 2

**Lerntipp**

Wer positive Gefühle beim Lernen hat, lernt leichter und schneller. Belastende Konflikte solltest du vor dem Lernen lösen. Sonst schweifen deine Gedanken immer wieder ab und das Lernen wird schwierig.

## Die Kinokarten

„Diese blöde Kuh!“ Wütend stampfte Anna mit dem Fuß auf. „Soll sie doch mit jemand anderem ins Kino gehen! Diese dumme Ziege ist die längste Zeit meine beste Freundin gewesen!“

Anna war zum Frühstück bei ihrer besten Freundin Selina eingeladen. Es war richtig lustig und gemütlich! Durch Zufall entdeckte sie auf dem Küchentisch zwei Kinokarten für die Nachmittagsvorstellung eines neuen Abenteuer-Films. Anna war ganz aus dem Häuschen! Endlich hatte sie wieder eine richtige beste Freundin, mit der sie alles gemeinsam machen konnte! Aber sie wollte Selina die Überraschung nicht verderben. Darum tat sie so, als hätte sie die Karten nicht gesehen und wartete geduldig darauf, dass Selina sie ins Kino einlud.

Aber die tat nichts dergleichen! Im Gegenteil: Mittags behauptete sie dann sogar, dass sie gleich einen Besuch bei ihrer Oma machen muss und keine Zeit für Anna hat. Da reichte es Anna aber!

„Mir kannst du deine blöden Lügen nicht auftischen!“, fauchte sie. „Ich weiß nämlich Bescheid! Und anrufen brauchst du mich auch nie mehr!“ Wütend stürmte sie aus dem Haus. Dicke Tränen rannen ihr über die Wangen – vor Wut und vor Traurigkeit. Schon wieder hatte sie eine Freundin verloren. Das passierte ihr nicht zum ersten Mal! Keiner mochte sie! „Blöde Kuh!“, murmelte sie noch einmal.

Selina war zuerst auch ganz durcheinander. Warum war Anna auf einmal so komisch? Nur weil sie ihre Oma besuchen musste? Sie würde doch auch viel lieber mit Anna spielen. Und dann wurde auch Selina so richtig wütend. Das wollte sie sich nicht bieten lassen! Also rief sie ihr nach: „Ja, geh nur! Ich brauch eh keine Freundin, die so spinnt wie du!! Und ICH ruf dich ganz bestimmt nicht an!“

Traurig nahm sie die Kinokarten und steckte sie ein. Oma hatte sie gebeten, die Karten für den Sohn der Nachbarin zu besorgen. Als Geburtstagsgeschenk, weil er immer so nett zu Oma war …

1. Sind die folgenden Aussagen richtig ☑ oder falsch ☒ ?

a) Anna war zum Mittagessen bei ihrer besten Freundin Selina eingeladen. ☐

b) Anna war die beste Freundin von Sonja. ☐

c) Anna war die beste Freundin von Selina. ☐

d) Der Streit beruhte auf einer Tatsache. ☐

e) Der Streit beruhte auf einem Missverständnis. ☐

f) Die Mädchen stritten wegen eines Fußballspiels. ☐

g) Die Eintrittskarten waren für den Nachbarsjungen. ☐

2. Jetzt ist es passiert. Selina und Anna haben Streit wegen eines dummen Missverständnisses. Leider ist das oft das Ende einer schönen Freundschaft. Sucht in Gruppen nach Lösungen zu den folgenden Aufgabenstellungen.

a) Was können die beiden Freundinnen jetzt tun, um ihre Freundschaft zu retten?

b) Was hätten die beiden Freundinnen machen müssen, damit es gar nicht zu diesem dummen Streit kommt?

c) Wie verhält man sich richtig bei einem Streit? Schreibt die wichtigsten Lösungsvorschläge auf ein Plakat und hängt es in der Klasse auf.

**Lerntipp**

Mit einem Lernplakat kannst du Lernstoff übersichtlich darstellen. Und dadurch, dass du den Stoff ständig vor Augen hast, prägt er sich gut ein.

3. Zum Thema Streiten gibt es ein paar Sprichwörter. Kannst du die folgenden Sätze ergänzen? Sprecht über die Bedeutung der Sprichwörter.

a) Wenn zwei sich streiten, freut sich der ____________________.

b) Über Geschmack lässt sich nicht ____________________.

c) Der ____________________ gibt nach.

d) Zum Streiten gehören immer ____________________.

e) In der ____________________ liegt die Kraft.

# Übung 3

## Schummeln will gelernt sein

Am Anfang der Deutschstunde kam Frau Sonnenbühl zu Henning und Ben an den Tisch. „Euch beide möchte ich in der großen Pause sprechen", sagte sie und sah dabei sehr streng aus. Nur Ben und Henning bekamen ihr Heft mit den Aufgabenblättern nicht. Henning rutschte das Herz in die Hose. Hatte die Lehrerin das mit dem Abschreiben vielleicht doch bemerkt?

In der großen Pause mussten Henning und Ben ihre Stühle ans Lehrerpult holen. Dann zog Frau Sonnenbühl die Aufgabenblätter der beiden Jungen hervor. „Einer von euch hat abgeschrieben", sagte sie ernst. „Und ich möchte jetzt wissen, wer das war." Henning hatte das Gefühl, dass man Frau Sonnenbühl mit Ehrlichkeit noch um den Finger wickeln konnte. Wenn man zum Beispiel sagte, dass Ben ein paar Mal herübergelugt hatte …

Aber da sagte Ben schon: „Wieso abgeschrieben?" Er starrte Frau Sonnenbühl ruhig an. Da versteinerte Frau Sonnenbühls Gesicht. „Erzähl mir doch bitte nicht, dass das ein Zufall ist, dass in beiden Arbeiten vier Fehler sind – genau dieselben. Also?" Ihre Augen hinter den Brillengläsern funkelten.

Aber Ben blieb eiskalt. „Dann haben wir ja wohl beide eine Zwei", sagte er frech. Henning blieb die Luft weg. Ben brachte die Lehrerin mit seinem dummen Gerede noch so in Wut, dass sie ihnen eine Fünf verpasste! Warum hielt er nicht endlich die Klappe? Oder besser noch: Warum gab Ben nicht endlich zu, dass er es war, der abgeschrieben hatte? Henning machte gerade den Mund auf, um Frau Sonnenbühl die Wahrheit zu erzählen, da kassierte er einen festen Tritt.

„Das müssen Sie uns erst mal beweisen, dass wir geschummelt haben", meinte Ben dreist. Jetzt war Frau Sonnenbühl richtig auf 180. „Wir können das gerne beim Direktor klären", schnaubte sie. Dann schob sie Henning und Ben die Blätter hin und stach mit spitzem Finger auf eine fett angestrichene Stelle. „Ich habe überhaupt nicht Eisberg diktiert", sagte sie scharf, „sondern Eisscholle. Wieso steht hier dann zweimal Eisberg?" Die beiden guckten auf die Zettel. Henning konnte

gerade noch ein Stöhnen unterdrücken. Ben hatte nicht nur das Wort „Walross" genau abgeschrieben, sondern auch nachträglich das „h" drübergekritzelt, haargenau wie er selbst. Damit Ben nicht auf die Idee kam, dass er noch mit dem Direktor reden wollte, sagte Henning ganz schnell: „Also gut, wir haben geschummelt."

„Dann wäre das ja geklärt", sagte Frau Sonnenbühl mit harter Stimme. „Ich erwarte euch hier um drei Uhr zum Nachschreiben." Und ehe sie ging, fügte sie noch hinzu: „Man hätte über alles reden können, aber das … Ich bin sehr enttäuscht von euch!"

Als Frau Sonnenbühl aus dem Klassenzimmer war, schlug Ben Henning auf die Schulter. „Das fand ich richtig fair von dir, dass du der Sonnenbühl nichts gesagt hast", grinste er anerkennend. Aber Henning sah das anders. „Ich finde es überhaupt nicht fair, dass du erst bei mir abschreibst und mich dann mit hineinreißt", schimpfte er. Ben baute sich vor ihm auf. „Was hätte ich denn machen sollen? Hätte ich alles zugegeben, wäre die Abschreiberei ja völlig umsonst gewesen. Dann hätte ich nämlich die Sechs kassiert." Henning sah an ihm vorbei.

„Mensch, Henning!" Ben fasste ihn am Arm und schüttelte ihn. „Das kann doch jedem passieren, dass die Schummelei auffliegt. Jetzt mach doch nicht so ein Gesicht! Wir sind doch Freunde!"

„Doofes Gequatsche …", stieß Henning hervor. „Wolle ist mein Freund. Und der hätte sich so etwas nie geleistet." Damit schob er Ben zur Seite und ging in den Pausenhof …

*Waltraud Moegle*

**Lerntipp**
Schlag in einem Fremdwörterbuch oder in einem Wörterbuch nach, wenn du Wörter liest, die du nicht verstehst.

1. Beantworte nun folgende Fragen.

1.1 Was bedeutet „fair sein"?

a) anständig, ehrlich sein ☐

b) unehrlich, unanständig sein ☐

c) berechnend sein ☐

1.2 Wie lautet das Nomen zu „fair"?

a) Fairheit ☐

b) Fairness ☐

c) Fairnis ☐

1.3 Was bedeutet „Fair Play“?

a) ein falsches Spiel ☐

b) ein ehrliches, anständiges Spiel ☐

c) ehrlich zahlen ☐

1.4 Wenn du einkaufen gehst, dann kannst du jetzt immer öfter den Begriff „Fair Trade“ lesen. Was bedeutet das?

a) fairer Handel mit Entwicklungsländern, ein Gütesiegel für solche Produkte ☐

b) Handel, bei dem die Entwicklungsländer ausgebeutet werden ☐

c) Handelsverbot ☐

2. In der Geschichte geht es auch um Freundschaft. Bildet einen Stuhlkreis und lest das folgende Gedicht.

## Wann Freunde wichtig sind

Freunde sind wichtig
zum Sandburgenbauen,

Freunde sind wichtig,
wenn andre dich hauen,

Freunde sind wichtig
zum Schneckenhaussuchen.

Freunde sind wichtig
zum Essen von Kuchen.

Vormittags, abends,
im Freien, im Zimmer …

Wann Freunde wichtig sind?
Eigentlich immer!

*Georg Bydlinski*

3. Diskutiert miteinander die folgenden Fragen.

a) Was bedeutet Freundschaft und was macht eurer Meinung nach einen guten Freund bzw. eine gute Freundin aus?

b) Wie geht man mit Freunden um? Was tust du für deine Freunde?

c) Verhält sich Ben in der Geschichte wie ein guter Freund?

d) Was versteht man unter einem Team und unter Teamgeist? Wie sieht es damit in eurer Klasse aus?

e) Suche ein Gedicht im Internet zum Thema Freundschaft.
Suchmaschine: www.blinde-kuh.de
Suchbegriffe: Freundschaft, Gedicht

# Übung 4

**Lerntipp**
Lerne doch einmal mit deinem Freund oder deiner Freundin zusammen. Dann könnt ihr euch gegenseitig abfragen und das Lernen macht viel mehr Spaß.

„Wer angibt, hat's nötig“, sagt der Volksmund und das stimmt. Wer anderen ständig ungefragt nur von seinen Erfolgen erzählt und dabei immer wieder übertreibt, ist ein Angeber. „Schau mal, was ich kann, schau mal, was ich habe, schau mal, wie gut ich bin!“ Wer ständig die Worte „ich“ und „mein“ in den Mund nimmt, macht sich bei den anderen schnell unbeliebt.

Angeber wollen Anerkennung und Bewunderung von ihren Klassenkameraden und Freunden. Ihnen mangelt es an gesundem Selbstbewusstsein und Selbstvertrauen, und genau darum geht es in den folgenden Übungen.

1. Ich bin – ich kann – ich habe

   Jedem Schüler und jeder Schülerin wird mit Klebestreifen eine Karteikarte (etwa in der Größe DIN A5) auf den Rücken geheftet, auf der untereinander die drei folgenden Satzanfänge stehen:

   - Ich bin …
   - Ich kann …
   - Ich habe …

   Nun nehmen alle Schülerinnen und Schüler einen Stift und gehen im Raum umher. Dabei ergänzen sie gegenseitig die Satzanfänge mit positiven Bemerkungen, die auch tatsächlich zum jeweiligen Schüler bzw. zur jeweiligen Schülerin passen. Sind alle Satzanfänge vollendet, ist das Spiel vorbei. Alle nehmen nun ihr Rückenschild ab und lesen, welche Stärken die anderen ihnen zuschreiben.

2. Mein Name – mein Programm

Die Anfangsbuchstaben des eigenen Namens können benutzt werden, „starke“ Eigenschaften oder Fähigkeiten an sich selbst zu entdecken oder sich zu wünschen.

Beispiele:

**Christa**

**C** charmant
**H** herzlich
**R** ruhig
**I** interessant
**S** sportlich
**T** toll
**A** aktiv

**Michael**

**M** musikalisch
**I** intelligent
**C** charismatisch*
**H** hübsch
**A** außergewöhnlich
**E** ehrlich
**L** lernfreudig

Hängt eure „Programme“ in der Klasse auf.

3. Ich mag an mir …
Sich die eigenen Stärken bewusst zu machen, ist für die meisten Menschen ungewohnt bis unangenehm. Noch schwieriger ist es aber, dies in Gegenwart anderer zu tun. Jeder Schüler und jede Schülerin sucht sich einen Partner oder eine Partnerin. Erklärt euch gegenseitig in drei Minuten, was ihr an euch selbst mögt. Anschließend erzählt jeder Einzelne der ganzen Klasse, was er an sich mag. Wie geht es dir, wenn du über deine positiven Eigenschaften sprichst? Wie geht es dir als Zuhörer, wenn andere über ihre Stärken sprechen? Was ist der Unterschied zwischen „angeben“ und „wertschätzen“?

**Lerntipp**

Achte beim Lernen besonders auf deine Erfolge und lobe dich dafür. Das fördert deine Motivation und ist wichtig für dein Selbstwertgefühl.

* charismatisch = mit Ausstrahlung

## Übung 5

1. Trage das folgende Gedicht ausdrucksstark vor. Achte auf die Betonung.

Lerntipp

Auch wenn du laut liest, vergiss nicht, dir Bilder im Kopf zu machen, sonst weißt du nicht, was du gelesen hast. Lerne auch laut und betone den Lernstoff unterschiedlich. So merkst du ihn dir besser.

### Fußball

Der Fußballwahn ist eine Krankheit,
aber selten, Gott sei Dank.
Ich kenne wen, der litt akut
an Fußballwahn und Fußballwut.

Sowie er einen Gegenstand
in Kugelform und ähnlich fand,
so trat er zu und stieß mit Kraft
ihn in die bunte Nachbarschaft.

Ob es ein Schwalbennest, ein Tiegel,
ein Käse, Globus oder Igel,
ein Krug, ein Schmuckwerk am Altar,
ein Kegelball, ein Kissen war,
und wem der Gegenstand gehörte,
das war etwas, was ihn nicht störte.

Bald trieb er eine Schweineblase,
bald steife Hüte durch die Straße.
Dann wieder mit geübtem Schwung
stieß er den Fuß in Pferdedung.

Mit Schwamm und Seife trieb er Sport.
Die Lampenkuppel brach sofort.
Das Nachtgeschirr flog zielbewusst
der Tante Berta an die Brust.

Kein Abwehrmittel wollte nützen,
nicht Stacheldraht in Stiefelspitzen,
noch Puffer außen angebracht,
er siegte immer, 0 zu 8.

Und übte weiter frisch, fromm, frei
mit Totenkopf und Straußenei.
Erschreckt durch seine wilden Stöße,
gab man ihm nie Kartoffelklöße.

Selbst vor dem Podex* und den Brüsten
der Frau ergriff ihn ein Gelüsten,
was er jedoch, als Mann von Stand,
aus Höflichkeit meist überwand.

* Podex = scherzhaft: Gesäß

Dagegen gab ein Schwartenmagen
dem Fleischer Anlass zum Verklagen.
Was beim Gemüsemarkt geschah,
kommt einer Schlacht bei Leipzig nah.

Da schwirrten Äpfel, Apfelsinen
durchs Publikum wie wilde Bienen.
Da sah man Blutorangen, Zwetschken
an blassen Wangen sich zerquetschen.

Das Eigelb überzog die Leiber,
ein Fischkorb platzte zwischen Weiber.
Kartoffeln spritzten und Zitronen,
man duckte sich vor den Melonen.

Dem Krautkopf folgten Kürbisschüsse.
Dann donnerten die Kokosnüsse.
Genug! Als alles dies getan,
griff unser Held zum Größenwahn.

Schon schäkernd mit der U-Bootsmine
besann er sich auf die Lawine.
Doch als pompöser Fußballstößer
fand er die Erde noch viel größer.

Er rang mit mancherlei Problemen.
Zunächst: Wie soll man Anlauf nehmen?
Dann schiffte er von dem Balkon
sich ein in einen Luftballon.

Und blieb von da an in der Luft,
verschollen. Hat sich selbst verpufft.
Ich warne euch, ihr Brüder Jahns,
vor dem Gebrauch des Fußballwahns!

*Joachim Ringelnatz*

**Lerntipp**

Verändere die Geschwindigkeit sowie die Lautstärke beim Lesen. Dadurch kannst du Spannung aufbauen.

2. Zeichne ein Bild zum Gedicht.

# Übung 6

1. Lies und schau genau und löse dann das Rätsel.

Stimmt! Und die junge Dame hat sogar gewonnen. Hmpf.
Herr und Frau Roth …
Wir wollten ein Nickerchen machen, aber Käpten Rowolf hat ganz laut alte Lieder gekrächzt.
Käpten Rowolf …
Tja, wenn ich wie heute Nachmittag in der Badewanne sitze, schmettere ich immer alte Seemannslieder!
Und so …
Hm! Alle haben ein wasserdichtes Alibi. Was nun?
Junge, komm bald wieder, bald wieder nach Haus …
Eines der Alibis ist nicht ganz so wasserdicht, Inspektor Issel!
Was meint Micky?

© Disney

Lerntipp

Dein bildhaftes Vorstellungsvermögen kannst du trainieren, indem du dir mit geschlossenen Augen Bilder möglichst deutlich und räumlich ins Gedächtnis rufst. Wie sieht z. B. dein Zimmer aus? Kannst du es in deiner Vorstellung sehen?

2. Beantworte die folgenden Fragen.

a) Wo wurden Teile der Münzsammlung gestohlen?

______________________________

b) Wann wurden Teile der Münzsammlung gestohlen?

______________________________

c) Wer wird zuerst befragt?

______________________________

d) Wer wird danach befragt?

______________________________

e) Wie heißt der Inspektor?

______________________________

f) Wie heißt der Kapitän?

______________________________

3. Welches der Alibis hält Mickey für fragwürdig?
Begründe deine Antwort.

______________________________

______________________________

4. Hast du den Comic wirklich aufmerksam verfolgt?
Hier sind ein paar knifflige Fragen zu den Bildern.
Beantworte sie ohne nachzusehen.

a) Welche Farbe hat die Jacke von Graf Reininghaus?

______________________________

b) Welche Farbe haben die Vorhänge im Schloss?

______________________________

c) Welche Blumen sind auf dem letzten Bild zu sehen?

______________________________

# Übung 7

Lerntipp

Gewöhne dir an, genau und konzentriert zu arbeiten. Dadurch vermeidest du unnötige Fehler.

## Urlaub in den USA

„Karli, wie war euer Urlaub?“, fragte Inspektor Schnüffel, als er den Nachbarsjungen traf. Ein paar Jungen standen neben Karli und stöhnten. Karli war ein furchtbarer Angeber! Er wollte immer besser sein als die anderen. Und Karli reiste in den Ferien immer weit weg. Und er kannte viele berühmte Personen. Arnold Schwarzenegger zum Beispiel und Hermann Maier. Viele in der Klasse beneideten Karli. „Also“, begann Karli zu erzählen. „Meine Eltern und ich flogen in die USA. Letztes Jahr waren wir ja in Australien, wie ihr wisst. Die USA sind ein ganz besonderes Land. Wir haben Cowboys gesehen und echte Indianer!“ „Das ist ja interessant!“, meinte Schnüffel. „Was hat dir denn am besten gefallen?“ Karli überlegte ein bisschen und sagte dann: „Hollywood! Dort ist es wirklich toll. Wir lernten sogar ein paar Schauspieler kennen und wir durften dabei zusehen, wie ein Film gedreht wurde!“ „Wirklich?“, rief ein Junge bewundernd. Karli nickte heftig: „Ja! Ich möchte jetzt auch Schauspieler werden. Das ist ein toller Beruf!“ „Wo wart ihr noch?“, wollte Inspektor Schnüffel wissen. Karli dachte kurz nach: „Den König von Amerika haben wir auch gesehen. Er wohnt in einem riesigen Palast – viel größer als hier bei uns! Und in seinem Palast ist alles aus Gold. Und aus den Wasserhähnen kommt Milch.“ „So, so!“, meinte Schnüffel. Karli erzählte munter weiter: „Am Flughafen haben wir dann Robbie Williams getroffen. Er ist sehr nett. Am letzten Tag besuchten wir sein Konzert und er holte mich auf die Bühne. Ja, was soll ich euch sagen, das war klasse!“ „Danke, Karli!“, unterbrach der Inspektor den Jungen, der kaum zu bremsen war. „Du hast dir ja spannende Geschichten ausgedacht. Aber in den USA warst du nicht!“

*Karin Ammerer*

1. Wieso ist sich der Inspektor sicher, dass Karli die Geschichten über seinen Urlaub nur erfunden hat?

2. Beantworte mündlich die Fragen zum Text.

a) Was machte Karli immer in den Ferien?
b) Welche berühmten Personen kannte Karli?
c) Wo war Karli letztes Jahr mit seinen Eltern?
d) Was will Karli später einmal werden?
e) Wen hat Karli angeblich am Flughafen getroffen?

# Übung 8

> **Lerntipp**
> Macht regelmäßige Bücher-Tauschbörsen. Nehmt dazu Bücher, die ihr schon gelesen habt, mit und tauscht sie untereinander aus.

## Harry Potter und der Stein der Weisen

**Wichtige Personen:**

| | |
|---|---|
| Harry Potter: | Hauptfigur |
| Vernon, Petunia, Dudley Dursley: | die einzigen lebenden Verwandten von Harry, alle sind Muggels (= normale Menschen) |
| Ron Weasley: | Freund von Harry, stammt aus einer armen Zaubererfamilie |
| Hermine Granger: | Eltern sind Muggels, Freundin von Harry, sehr strebsam |
| Rubeus Hagrid: | Halbriese und Hüter der Schlüssel und Ländereien von Hogwarts, der Zauberer- und Hexenschule |
| Fang: | Haustier von Hagrid |
| Albus Dumbledore: | Leiter von Hogwarts, weiser und gutmütiger Zauberer |
| Professor Quirrell: | Lehrer für Verteidigung gegen die dunklen Künste, trägt immer einen Turban |
| Lord Voldemort: | mächtiger, böser Zauberer, dessen Name niemand auszusprechen wagt („Du-weißt-schon-wer“) |
| Draco Malfoy: | Erzfeind von Harry |

**Inhaltsangabe:**

Harry Potter war noch ein Baby, als seine Eltern ums Leben kamen. Er ist das Kind zweier Zauberer und besitzt selbst magische Fähigkeiten. Er wächst bei seinen Stiefeltern Vernon und Petunia Dursley sowie seinem Cousin Dudley auf. Während Dudley von seinen Eltern verwöhnt wird, muss Harry in einem Schrank unter der Treppe schlafen und wird auch sonst in jeder Hinsicht schlecht behandelt.

Seit ihn der dunkle Zauberer Lord Voldemort, der damals in der Zaubererwelt große Macht hatte, als Baby attackierte und seine Eltern ermordete, trägt Harry eine blitzförmige Narbe auf der Stirn. Dass Voldemort damals bei dem vergeblichen Versuch, den Säugling zu töten, seine Macht verlor und verschwand, machte Harry Potter in der Zaubererwelt zu einer Berühmtheit.

Hagrid bewirkt die Aufnahme Harry Potters in die Zauberer- und Hexenschule Hogwarts. Im Hogwarts-Express lernt er seine zukünftigen besten Freunde, Ron und Hermine, kennen. Die drei finden bald heraus, dass in Hogwarts ein geheimnisvolles Päckchen versteckt ist. Dabei handelt es sich vermutlich um den sagenumwobenen Stein der Weisen, der seinem Besitzer Reichtum und ewiges Leben verleiht.

Der Stein wird von einem dreiköpfigen Hund namens Fluffy bewacht.

Hagrid verrät Harry und seinen Freunden, dass man an Fluffy nur durch das Vorspielen von Musik vorbeikommt. Damit der Stein nicht in falsche Hände gelangen kann, wollen Harry, Hermine und Ron ihn schnellstens finden. Auf ihrem Weg müssen sie viele Schutzzauber überwinden, bemerken aber bald, dass Lord Voldemort, im Körper von Professor Quirrell, den Stein der Weisen besitzen will. Durch den Stein will Lord Voldemort seine einstigen Zauberkräfte zurückgewinnen.

Im letzten Raum eines unterirdischen Geheimganges treffen Harry und Lord Voldemort aufeinander. Es kommt zu einem wilden Kampf zwischen den beiden, bei dem der Stein der Weisen schlussendlich vernichtet wird.

**Leseprobe:**

… Etwas Hellweißes schimmerte auf dem Boden. Vorsichtig traten sie näher. Es war das Einhorn und es war tot. Harry hatte nie etwas so Schönes und so Trauriges gesehen. Seine langen, schlanken Beine ragten verquer in die Luft und seine perlweiße Mähne lag ausgebreitet auf den dunklen Blättern. Harry trat noch einen Schritt näher, als ein schleifendes Geräusch ihn wie angefroren innehalten ließ. Ein Busch am Rande der Lichtung erzitterte … Dann kam eine vermummte Gestalt aus dem Schatten und kroch über den Boden auf sie zu wie ein staksendes Untier. Harry, Malfoy und Fang standen da wie erstarrt. Die vermummte Gestalt erreichte das Einhorn, senkte den Kopf über die Wunde an der Seite des Tiers und begann sein Blut zu trinken. „AAAAAAAAAAAARRRH!“

Malfoy stieß einen fürchterlichen Schrei aus und machte sich auf und davon – mit Fang an seinen Fersen. Die vermummte Gestalt hob den Kopf und sah zu Harry herüber – an ihr herunter tropfte Einhornblut. Das Wesen stand auf und kam rasch auf Harry zu – er war vor Angst wie gelähmt. Dann durchstieß ein Schmerz seinen Kopf, wie er ihn noch nie verspürt hatte, es war, als ob seine Narbe Feuer gefangen hätte – halb blind stolperte er rückwärts. Hinter sich hörte er Hufe, Pferdegalopp, und etwas sprang einfach über ihn hinweg und stürzte sich auf die Gestalt. Der Schmerz in Harrys Kopf war so stark, dass er auf die Knie fiel. Nach ein oder zwei Minuten war er vorüber. Als er aufsah, war die Gestalt verschwunden. Ein Zentaur* stand über ihm.

* Zentaur = ein Wesen mit dem Oberkörper eines Menschen und dem Unterteil und Beinen eines Pferdes

„Harry Potter, wissen Sie, wozu Einhornblut gebraucht wird?“ „Nein“, sagte Harry, verdutzt über die seltsame Frage. „Wir haben für Zaubertränke nur das Horn und die Schweifhaare benutzt.“ „Das ist so, weil es etwas Grauenhaftes ist, ein Einhorn abzuschlachten“, sagte der Zentaur. „Nur jemand, der nichts zu verlieren und alles zu gewinnen hat, könnte ein solches Verbrechen begehen. Das Blut eines Einhorns wird ihn am Leben halten, selbst wenn er nur eine Handbreit vom Tod entfernt ist – doch zu einem schrecklichen Preis.

Er hat etwas Reines und Schutzloses gemeuchelt, um sich selbst zu retten, aber nun hat er nur noch ein halbes Leben, ein verfluchtes, von dem Augenblick an, da das Blut seine Lippen berührt.“

„Aber wer könnte so verzweifelt sein?“, fragte sich Harry laut. „Wenn man für immer verflucht ist, dann ist der Tod doch besser, oder?“ „Das ist wahr“, stimmte Firenze der Zentaur zu, „außer wenn man nur lange genug leben muss, um noch etwas anderes zu trinken – etwas, das einem alle Stärke und Macht zurückbringt – etwas, das bewirkt, dass man nie sterben wird. Mr. Potter, wissen Sie, was in diesem Augenblick in der Schule versteckt ist?“ „Der Stein der Weisen! Natürlich – das Lebenselixier!“ …

*Joanne K. Rowling*
*übersetzt von Klaus Fritz*

**Lerntipp**
Bevor du ein Buch kaufst, beachte Folgendes: Lies den Klappentext oder den Text auf der Umschlag-Rückseite, um festzustellen, ob dir das Buch gefallen könnte. Blättere es kurz durch. Lies das Inhaltsverzeichnis und lies dann eine Seite aus dem Buch.

1. Wer hat schon „Harry Potter“ gelesen? Wie hat euch das Buch gefallen? Begründet eure Antwort.
2. Was lest ihr gerne? Erstellt in der Klasse eine Liste mit eurer Lieblingslektüre.
3. Wer kann den Inhalt eines Harry-Potter-Bandes wiedergeben?
4. Nehmt euer Lieblingsbuch in die Schule mit und stellt es euren Mitschülern anhand dieser drei Punkte vor:
   die wichtigsten Personen
   eine kurze Inhaltsangabe
   eine interessante Leseprobe

## Übung 1

1. Ordne die folgenden Wörter nach dem Alphabet.

   Geheimnis – Tasche – lachen – Flugzeug – Schaf – Honig – Zeppelin – Ding – Planet – Computer – Schnee – Schock – Schnecke – Schnur – Schnellstraße – schnarchen – Schnittlauch – Schnellimbiss

   ______________________________

   ______________________________

   ______________________________

   ______________________________

**Lerntipp**
Wie ein Wort richtig am Zeilenende getrennt wird, verrät dir das Wörterbuch, z. B. sit|zen.

2. Ordne die folgenden Wörter nach dem Alphabet.

   Kuh – Schwein – Schlange – Mistkäfer – Krokodil – Adler – Schmetterling – Motte – Meerschweinchen – Eichhörnchen – Igel – Esel – Iltis – Stinktier – Regenwurm – Pferd

   ______________________________

   ______________________________

   ______________________________

   ______________________________

3. Ordne die folgenden Wörter nach dem Alphabet.

   Allee – Villa – Universität – Alm – Blitz – Lager – Block – Dach – Fisch – Hürde – Geige – Illusion – Flagge – Junkie – Tornado – Zebra – Bluse – Finger

   ______________________________

   ______________________________

   ______________________________

   ______________________________

4. Ordne die folgenden Wörter nach dem Alphabet.

schnell – Schneeflocke – schneiden – schneien – Schnellzug – Schneekanone – Schneewittchen – Schneelawine – Schneegestöber – Schneeball – Schneemann – Schneehaus

5. Schlage die Bedeutung der folgenden Wörter und Abkürzungen im Wörterbuch nach.

Bora – Dumping – Folder – Generikum – Kurkuma – labil – lädiert – Stümper – Torero – Tortur – geh. – o. Ä. – u. dgl.

6. Bessere die Fehler aus.

Strasse – Krockodil – Ritter – Mozard – Kaliv – Urgeschichte – Jop – Tinosaurier

# Übung 2

1. Was wisst ihr über Hunde? Sammelt euer Wissen in der Klasse.

## Können Hunde Angst riechen?

Ängstliche Menschen erleben es tatsächlich, dass sie öfter angeknurrt oder sogar gebissen werden als Hundefreunde. Leider hilft es nicht, selbstbewusst auf einen Hund zuzugehen, um die Angst zu verbergen. Er riecht, was los ist. Der Geruchssinn eines Hundes kann tausende Düfte unterscheiden. Damit ist er dem Menschen bei Weitem überlegen. Und schon winzige Mengen eines Duftstoffes reichen, um ihn zu identifizieren. Hat ein Mensch Angst, sondert er Schweiß ab. Das riecht ein Hund sofort. Darüber hinaus produziert der Organismus Pheromone, feinste Duftstoffe, die der unbewussten Kommunikation dienen und die Verfassung einer Person ausdrücken. Die Reaktion des Tieres richtet sich nach dem spezifischen Geruch. Auch ausgestoßenes Adrenalin, das für die rasche Bereitstellung von Energie sorgt, macht Hunde angriffslustig. Dies ist eine natürliche Überlebensstrategie, die bei Gefahr eingesetzt wird. Hundenasen können also tatsächlich Angst erschnuppern.

2. Kläre die Bedeutung der unterstrichenen Wörter aus dem Zusammenhang mithilfe eines Wörterbuches oder dem Internet.

3. Wie sieht ein Husky aus, welche Pflege braucht er und wozu werden diese Hunde verwendet? Suche ein Bild und die Antworten auf diese Fragen im Internet.

**Lerntipp**

Du suchst ein bedeutungsgleiches oder sinnverwandtes Wort? Besorge dir ein Synonymwörterbuch. Es hält eine Fülle an Begriffen bereit und hilft dir, dich besser auszudrücken.

## Übung 3

Synonyme sind bedeutungsgleiche, sinnverwandte Wörter. Synonymwörterbücher sind dazu da, Wortwiederholungen zu vermeiden und verschiedene gleichbedeutende Ausdrücke für ein Wort zu finden.

Für die folgenden Aufgaben benötigst du ein Synonymwörterbuch. Du kannst aber auch ein Online-Synonymwörterbuch benutzen: Gehe auf die Seite www.wortschatz.uni-leipzig.de und gib dann die einzelnen Suchbegriffe der Reihe nach ein.

1. Suche folgende Begriffe im Synonymwörterbuch und finde jeweils drei Synonyme.

lachen: ______________________________

ruinieren: ______________________________

Motorrad: ______________________________

machen: ______________________________

kochen: ______________________________

2. Suche folgende Wörter im Synonymwörterbuch, finde jeweils drei Synonyme und ordne dann alle Wörter nach dem Alphabet.

kriechen: ______________________________

kräftig: ______________________________

groß: ______________________________

3. Finde jeweils drei Synonyme.

Hobby: ______________________________

Geschäft: ______________________________

# Übung 4

## Im Internet recherchieren

Es gibt keine Suchmaschine, die den gesamten Inhalt des Internets parat hält. Deshalb lohnt es sich oft, mehrere Suchmaschinen zu verwenden.

Bekannte Suchmaschinen für Kinder sind:
www.blinde-kuh.de
www.trampeltier.de
www.helles-koepfchen.de

Bekannte Suchmaschinen für Erwachsene sind (Vorsicht! Sie liefern auch Inhalte, die für Kinder ungeeignet sind.):
www.google.de
www.yahoo.de
www.altavista.de
www.lycos.de

### Vorüberlegungen

Leider funktioniert jede Suchmaschine ein bisschen anders. Daher ist es am besten, wenn man sich mit der Bedienungsanleitung der jeweiligen Suchmaschine vertraut macht.

### Auswahl der Suchbegriffe

Die Auswahl der richtigen und präzisen Suchbegriffe ist unerlässlich. Stell dir zuvor die Frage: Was genau suche ich? Wähle aussagekräftige Wörter. Denn je häufiger die Suchbegriffe, desto umfangreicher die Linkliste. Ungenaue Suchbegriffe, wie z. B. „Motorrad“ oder „Autos“, erschlagen den Anwender mit Millionen von Treffern.

Beispiele für die Eingabe von präzisen Suchbegriffen: Wenn du etwas über die Fußballstatistiken vom Jahre 2004 erfahren willst, dann gib die Suchbegriffe „2004 Fußball Statistiken“ ein statt nur „Fußball“. Wenn du dich für einen Tauchurlaub auf Kreta interessierst, dann gib die Suchbegriffe „Urlaub Kreta tauchen“ ein, statt nur „Kreta“.

**Groß- und Kleinschreibung**

Die meisten Dienste ignorieren Groß- und Kleinschreibung. Es ist also egal, ob du die Suchbegriffe groß- oder kleinschreibst, das Ergebnis ist dasselbe.

**Leerzeichen oder Komma zwischen den Suchbegriffen**

Was ein Leerzeichen oder ein Komma zwischen zwei Begriffen bedeutet, hängt von der jeweiligen Suchmaschine ab.

Bei Google z. B. bedeuten sie eine UND-Verknüpfung. Die Suchbegriffe müssen folglich alle vorkommen. So ergeben z. B. die Suchbegriffe „Gartenhaus Holz“ eine Suche nach Dokumenten, in denen die Begriffe „Gartenhaus“ und „Holz“ vorkommen. Das ist auch so, wenn die Suchbegriffe mit einem Komma getrennt werden.

Die Suchbegriffe müssen dabei nicht unmittelbar nacheinander in den gefundenen Dokumenten vorkommen.

Lerntipp

Anstatt auf „Suche“ zu klicken, kannst du auch auf die Eingabetaste drücken.

**Wortgruppensuche mit Anführungszeichen**

Wenn du nach genau passenden Schlüsselwörtern suchen möchtest, dann führe eine Wortgruppensuche durch. Schließe dazu deine Suchanfrage in Anführungszeichen ein. So erhältst du lediglich Ergebnisse für genau die Begriffe in genau dieser Reihenfolge. Wenn du z. B. „der Gefangene von Askaban“ in das Suchfeld eingibst, dann sucht die Suchmaschine nach Dokumenten, in denen die Suchbegriffe in genau dieser Reihenfolge vorkommen. Würdest du sie ohne Anführungszeichen eingeben, dann sucht die Suchmaschine nach allen Dokumenten mit den Suchbegriffen in dieser Reihenfolge und zusätzlich nach allen Dokumenten mit diesen Wörtern in anderer Reihenfolge.

**Füllwörter**

Füllwörter (z. B. „oder“, „mit“, „und“) und häufige Wörter, die auf den meisten Webseiten sehr oft vorkommen, werden in der Regel von Suchmaschinen ignoriert, da sie die Ergebnissuche verlangsamen würden, ohne deren Qualität zu verbessern.

## Übung 5

1. Öffne deinen Browser und geh auf www.blinde-kuh.de.

   Gib die folgenden Suchbegriffe in das Suchfeld ein:
   Katzen Pflege.
   Wie viele Seiten hat die Suchmaschine gefunden? ________

   Gehe wieder zurück auf www.blinde-kuh.de.
   Gib wieder die folgenden Suchbegriffe in das Suchfeld ein, diesmal aber mit Anführungszeichen: „Katzen Pflege".

   Wie viele Seiten hat die Suchmaschine diesmal gefunden? ________

   Erkläre, warum die Suchmaschine eine unterschiedliche Seitenanzahl gefunden hat.

   Sieh dir ein paar Links an.

**Lerntipp**
Wichtige Seiten kannst du dir als Favoriten abspeichern.

2. Öffne deinen Browser und gehe auf www.google.de.

   Suche deine Schule im Internet, indem du den Namen deiner Schule eingibst.
   Wie viele Seiten hat die Suchmaschine gefunden? ________

   Gehe wieder zurück auf www.google.de.
   Tippe wieder den Namen deiner Schule ein, aber diesmal mit Anführungszeichen.
   Wie viele Seiten hat die Suchmaschine diesmal gefunden? ________

   Sieh dir die Homepage deiner Schule an.

3. Gehe auf www.blinde-kuh.de.

   Gib in das Suchfeld den Begriff „Spitzmaulnashorn" ein.

   Wie viele Seiten hat die Suchmaschine gefunden? ________

   Gib dann in das Suchfeld die Begriffe „Spitzmaul Nashorn" ein.

   Wie viele Seiten hat die Suchmaschine nun gefunden? ________

   Welche Schlussfolgerung ziehst du daraus?

## Übung 6

1. Führe die folgenden Suchübungen durch.

a) Gehe auf die Seite der Suchmaschine www.blinde-kuh.de,
Suchbegriff: Tyrannosaurus Rex.

Wie viele Seiten findet die Suchmaschine zu deiner Anfrage? ______

b) Wechsle auf die Seite der Suchmaschine www.helles-koepfchen.de,
Suchbegriff: Tyrannosaurus Rex.

Wie viele Seiten findet die Suchmaschine zu deiner Anfrage? ______

c) Wechsle auf die Seite der Suchmaschine www.trampeltier.de,
Suchbegriff: Tyrannosaurus Rex.

Wie viele Seiten findet die Suchmaschine zu deiner Anfrage? ______

2. Führe weitere Suchübungen durch.

a) Wechsle auf die Seite der Suchmaschine www.google.de,
Suchbegriff: Tyrannosaurus Rex.

Wie viele Seiten findet die Suchmaschine zu deiner Anfrage? ______

b) Wechsle auf die Seite der Suchmaschine www.yahoo.de,
Suchbegriff: Tyrannosaurus Rex.

Wie viele Seiten findet die Suchmaschine zu deiner Anfrage? ______

c) Wechsle auf die Seite der Suchmaschine www.lycos.de,
Suchbegriff: Tyrannosaurus Rex.

Wie viele Seiten findet die Suchmaschine zu deiner Anfrage? ______

3. Welche Schlussfolgerung ziehst du aus den Suchübungen?

______________________________________________

______________________________________________

# Übung 1

## Pferdequiz

1. Kennst du dich mit Pferden aus? Lies die Fragen und notiere eine Antwort. Du kannst auch raten. Schreibe neben die Antwort, wie sicher du bist: 50 %, 80 %?

Lerntipp
Quiz-, Rätsel-, Wissens- und Ratespiele sind eine spannende Lernmethode und du lernst dabei besonders schnell.

Beispiel:
Frage I: Wann kann ein neugeborenes Fohlen stehen?
Frage II: Wie schnell laufen Rennpferde?

| Frage | Stichwort/Antwort | Wie sicher? |
|---|---|---|
| I. | nach 1 Stunde | 100 % |
| II. | 30 km/h | 20 % |

**Hier sind die Fragen:**

I. Wann kann ein neugeborenes Fohlen stehen?
II. Wie schnell laufen Rennpferde?
III. Wie sagen sich Pferde „Guten Tag“?
IV. Wie viele Kilo Pferdeäpfel hinterlässt ein großes Pferd täglich?
V. Was mögen Pferde, wenn es heiß ist?
VI. Woran erkennt man die Leitstute?
VII. Was passiert, wenn Pferde nur in Boxen leben?
VIII. Welches Organ ist bei Pferden besonders wichtig und groß?
IX. Wann mag ein Pferd nicht mehr lernen?
X. Was versteht man unter der Prägephase?
XI. Woran erkennt man das Alter von Pferden am besten?

Lerntipp
Die Fragen öffnen das Denken, deshalb kommen sie auch zuerst. Erst dann kommen die Informationen. Dabei gilt: Je weniger man vorher wusste, desto mehr Hintergrundinformationen sind hilfreich, um sich das Neue merken zu können.

2. Ordne die Fragen nun den richtigen Antworten zu.

I. Wann kann ein neugeborenes Fohlen stehen?
II. Wie schnell laufen Rennpferde?
III. Wie sagen sich Pferde „Guten Tag"?
IV. Wie viele Kilo Pferdeäpfel hinterlässt ein großes Pferd täglich?
V. Was mögen Pferde, wenn es heiß ist?
VI. Woran erkennt man die Leitstute?
VII. Was passiert, wenn Pferde nur in Boxen leben?
VIII. Welches Organ ist bei Pferden besonders wichtig und groß?
IX. Wann mag ein Pferd nicht mehr lernen?
X. Was versteht man unter der Prägephase?
XI. Woran erkennt man das Alter von Pferden am besten?

**Lerntipp**

Teamarbeit beim Lernen? Jawohl! Jedes Teammitglied lernt einen Teil des Stoffes und bereitet für seinen Lernabschnitt Quizfragen für die anderen Teammitglieder vor. Jeder ist also Quizmaster und Mitspieler.

☐ a) Zur Begrüßung stecken Pferde die Köpfe zusammen und blasen sich behutsam Atem in die Nüstern.

☐ b) Die Leitstute geht vorn. In freier Wildbahn sind das selbstbewusste, erfahrene Pferdedamen, die für die Herde die besten Weiden und Wasserstellen aufspüren. Wer an der Leitstute vorbei will, kriegt schnell mal ihre Zähne zu spüren.

☐ c) In den ersten Stunden weicht das Fohlen nicht von der Seite der Mutterstute. Das Neugeborene prägt sich alles über seine Mutter ein – wie sie aussieht, riecht, wiehert, wie sie sich bewegt. Das ist wichtig, damit das Fohlen immer wieder zu ihr zurückfindet. In dieser Prägephase verjagt die Stute alle Artgenossen, damit ihr Kleines nicht verwirrt wird.

☐ d) Ein bisschen wackelig sieht es noch aus – aber immerhin stehen Fohlen schon eine Stunde nach der Geburt auf eigenen Beinen.

☐ e) Rennpferde schaffen eine Geschwindigkeit von rund 70 km/h! Normale Reitpferde bringen es beim Galoppieren im Gelände auf 20–30 km/h.

☐ f) Im Sommer, wenn es heiß ist, mögen es die Pferde, wenn man sie mit kaltem Wasser und Schwamm abwäscht. Das verhindert auch den Satteldruck.

☐ g) Pferde können sich nicht lange konzentrieren. Das bedeutet, dass man ein Pferd nicht stundenlang mit Übungen drillen und ermüden darf. Viel besser ist es, neue Lektionen nur kurz zu üben, dafür aber häufig zu wiederholen. Sonst schalten Pferde ab und verweigern das Lernen komplett.

☐ h) Die ausschließliche Haltung von Pferden in Boxen ist nicht artgerecht. Wenn sie zu wenig Bewegung und sozialen Kontakt zu anderen Pferden oder Menschen haben, entwickeln sie aus Langeweile Verhaltensstörungen, wie z. B. das Weben. Darunter versteht man das ununterbrochene Verlagern des Körpergewichtes von einem auf das andere Vorderbein im Stand.

☐ i) Fachleute schauen dem Pferd ins Maul, um sein Alter zu erkennen. Die Lebensjahre lassen sich an den Kauflächen der Zähne ablesen, je nachdem, wie stark die abgenutzt sind. Die Altersfeststellung anhand der Zähne ist bis etwa zehn Jahren eine verlässliche Methode. Je älter ein Pferd wird, desto schwieriger ist es, sein genaues Alter festzustellen.
Auch der Ausdruck des Kopfes, die Lippen, die Augenlider und der Rücken helfen bei der Bestimmung des Alters.

☐ j) Wenn man sagt: „Der hat ja eine Pferdelunge“, dann meint man einen besonders ausdauernden Menschen. Das geflügelte Wort stammt daher, dass Pferde wirklich eine einmalig große Lunge besitzen. Um die gesund zu halten, brauchen Pferde viel frische Luft. Viele Boxenpferde werden durch ständigen Staub im Stall krank. Übrigens: Der Pferdemagen ist ziemlich klein.

☐ k) Ein großer Vierbeiner hinterlässt jeden Tag etwa 15 kg Pferdeäpfel. Liegen diese Haufen zu lange in der Box, geben sie ungesunde Dämpfe ab, die das Pferd einatmen muss. Darum ist es so wichtig, ständig Mist und Äpfel aus der Box zu holen.

*Margot Berger*

3. Hast du aufmerksam gelesen, während du die Fragen den Antworten zugeordnet hast? Beantworte nun die Fragen in eigenen Worten.

I. Wer ist die Leitstute in freier Wildbahn und was macht sie?
II. Was machen die Pferde zur Begrüßung?
III. Wie verhält sich das neugeborene Fohlen?
IV. Was ist mit dem Satz gemeint: „Der hat ja eine Pferdelunge.“?
V. Woran erkennt man die Lebensjahre eines Pferdes?

**Lerntipp**
Fragen stellen ist Teil des Lernprozesses. Fragen öffnen den Geist und machen uns aufmerksam.

4. Finde weitere fünf W-Fragen, die bisher noch nicht gestellt wurden, zu den obigen Antworten.
Macht ein Frage-Antwort-Spiel in der Klasse.

# Übung 2

## Der Nil

*Feluken (Boote) auf dem Nil*

*Bewässerungsanlage*

Der Nil ist ein Fluss der Wunder: Als ein großer Teil der Welt noch in der Steinzeit lebte, erfanden die Menschen an seinen Ufern schon die Schrift und den Kalender – Grundlagen unserer Kultur. Denn der Strom schenkte ihnen Reichtum und Zeit zum Nachdenken.

Der Nil ist mit 6671 Kilometern der längste Strom der Welt. Manche behaupten gar, am Nil stehe die Wiege der menschlichen Kultur. Denn die Ägypter kannten als erstes Volk eine eigene Schrift, haben ein einheitliches System von Zahlen, Maßen und Gewichten entwickelt, sie verfügten über einen eigenen Kalender – und nicht zuletzt haben sie großartige Bauwerke wie die Pyramiden erschaffen. Zu dieser Zeit hausten die Menschen in Europa noch in finsteren Hütten. Wie war das möglich? Was gab der Fluss den Menschen? Wer diese Geheimnisse lüften möchte, sollte über den mächtigen Strom fliegen, der einmal der Länge nach die Sahara durchschneidet: Unvorstellbar weit dehnt sich unter dem Flugzeug die Wüste aus, diese Hölle aus Hitze und Staub. Wo aber der Nil fließt, schlängelt sich zu seinen Ufern ein bis zu 20 Kilometer schmales, grünes Band durch die Wüste. Hier gedeihen Baumwolle, Weizen, Reis und Mais auf den Feldern. Dieser fruchtbare Flecken Erde zieht die Menschen seit jeher an. Und so siedelten vor etwa 6500 Jahren immer mehr Menschen im Niltal. Sie entstammten den unterschiedlichsten Klans und Stämmen. Streit gab es zwischen ihnen trotzdem selten. Warum auch? Die Wüste hielt Feinde fern. Und Nahrung gab es in Hülle und Fülle. Während die Völker in Europa um jede Ernte bangen mussten, waren für die Ägypter volle Kornkammern selbstverständlich – so zuverlässig flutete der Nil Wasser und nährstoffreichen Schlamm auf ihre Felder.

*Katharina Beckmann*

**Lerntipp**

Wenn du von Ägypten liest, dann solltest du eine Karte vom Kontinent Afrika und von der Lage Ägyptens im Kopf haben. Wenn du nicht weißt, wo ein Land liegt, dann sieh sofort im Atlas nach.

Steckbrief

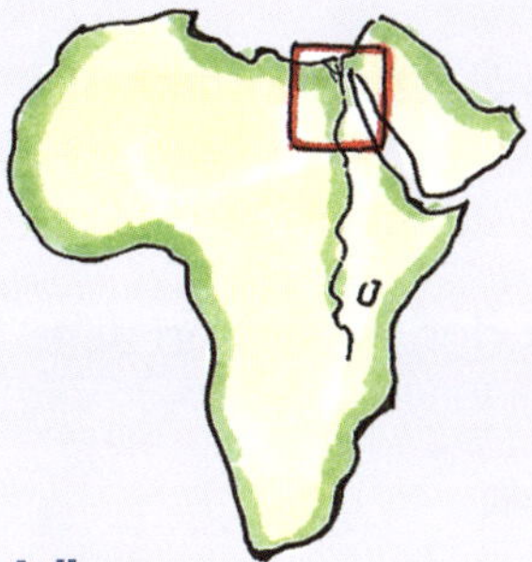

## Länge:

6671 Kilometer; der Nil gilt als längster Fluss der Welt.

## Verlauf:

Der Nil speist sich aus zwei Quellflüssen: Der längere Weiße Nil entspringt als Kagera im Hochland Burundis, fließt in den Victoriasee und wieder hinaus, passiert Uganda und vereint sich oberhalb von Khartum, der Hauptstadt des Sudan, mit dem Blauen Nil, dessen Quelle im äthiopischen Hochland liegt. Auf dem Weg durch die Sahara durchfließt der Nil sechs Stromschnellen, sogenannte Katarakte. Hinter Ägyptens Hauptstadt Kairo franst er dann zu einem breiten Delta aus und mündet im Mittelmeer.

## Entdeckungsgeschichte:

Seit der Antike suchten Menschen immer wieder nach den Quellen des Stromes. Doch erst 1862 entdeckte der Brite John H. Speke den Abfluss des Weißen Nils aus dem Victoriasee. 1892 schließlich drang der Wiener Oscar Baumann zu dessen Quellgebiet westlich des Sees vor.

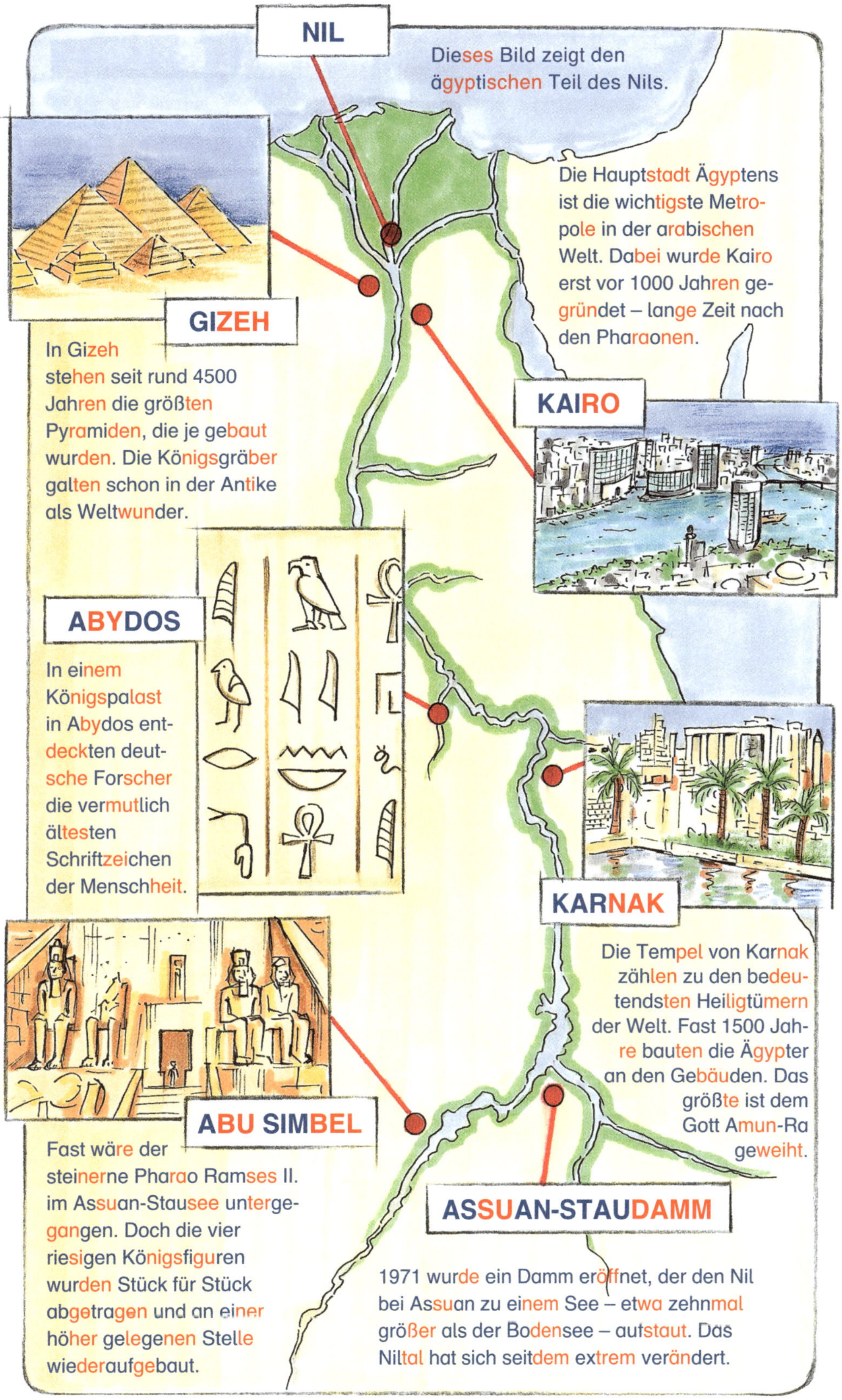

## NIL

Dieses Bild zeigt den ägyptischen Teil des Nils.

## GIZEH

In Gizeh stehen seit rund 4500 Jahren die größten Pyramiden, die je gebaut wurden. Die Königsgräber galten schon in der Antike als Weltwunder.

## KAIRO

Die Hauptstadt Ägyptens ist die wichtigste Metropole in der arabischen Welt. Dabei wurde Kairo erst vor 1000 Jahren gegründet – lange Zeit nach den Pharaonen.

## ABYDOS

In einem Königspalast in Abydos entdeckten deutsche Forscher die vermutlich ältesten Schriftzeichen der Menschheit.

## KARNAK

Die Tempel von Karnak zählen zu den bedeutendsten Heiligtümern der Welt. Fast 1500 Jahre bauten die Ägypter an den Gebäuden. Das größte ist dem Gott Amun-Ra geweiht.

## ABU SIMBEL

Fast wäre der steinerne Pharao Ramses II. im Assuan-Stausee untergegangen. Doch die vier riesigen Königsfiguren wurden Stück für Stück abgetragen und an einer höher gelegenen Stelle wiederaufgebaut.

## ASSUAN-STAUDAMM

1971 wurde ein Damm eröffnet, der den Nil bei Assuan zu einem See – etwa zehnmal größer als der Bodensee – aufstaut. Das Niltal hat sich seitdem extrem verändert.

1. Beantworte nun die Fragen zum Text.

a) Worum geht es in dem Text? Fasse in einem Satz zusammen.

______________________________________________

b) Welcher Fluss gilt bis jetzt als längster Fluss der Welt, und wie lang ist er?

______________________________________________

c) Was ist am ägyptischen Volk so besonders?

______________________________________________

d) Welche Wüste durchschneidet der Nil der Länge nach?

______________________________________________

e) Was gedeiht im Niltal?

______________________________________________

**Lerntipp**

Je mehr Hintergrundinformationen man zu einem Thema bekommt, desto leichter kann ein Wissensnetz aufgebaut werden. Spannende Geschichten sind dabei sehr hilfreich.

2. Beantworte weitere Fragen.

a) Wie heißt die Hauptstadt von Ägypten? ____________________

b) Was ist in Gizeh zu sehen? ____________________

c) Was befindet sich in Abydos? ____________________

d) Wann wurde der Assuan-Staudamm eröffnet? __________

3. Suche im Internet. Überlege genau, welche Suchbegriffe du in das Suchfeld eingibst.

a) Wie viele Einwohner hat Kairo?

______________________________________________

b) Wie heißt die größte Pyramide von Gizeh?

______________________________________________

c) Welcher Ort gilt als Königsfriedhof der Frühzeit?

______________________________________________

d) Wann ließ Ramses die Tempel von Abu Simbel bauen?

______________________________________________

# Übung 3

## Wer ist schmerzempfindlicher – Mann oder Frau?

**Lerntipp**
Fragen öffnen den Geist und regen das Denken an. Sie machen uns aufmerksam, denn beim Lesen achten wir auf die Antwort im Text.

Auch wenn Frauen den Männern gern Wehleidigkeit nachsagen, wissenschaftliche Tests zeigen eindeutig: Sie sind selbst viel schmerzempfindlicher als Männer. Frauen nehmen einen Reiz schneller als Schmerz wahr und können ihn nicht so lange ertragen. Besonders sensibel[1] reagieren sie auf Druck, also wenn tiefer liegende Schmerzrezeptoren[2] an Muskeln und Sehnen gereizt werden. Etwas besser halten sie Hitze und leichte Stromstöße aus, für die Schmerzrezeptoren dicht unterhalb der Haut zuständig sind. Die Ursachen für die weibliche Sensibilität sind vielseitig. Die Haut von Frauen ist dünner und von mehr Nervenfasern durchzogen. Zudem gibt es Hinweise darauf, dass Schmerzen im Gehirn von Männern und Frauen unterschiedlich verarbeitet werden. Auch von hormoneller Seite sind die Männer begünstigt: Das männliche Sexualhormon Testosteron dämpft die Weiterleitung schmerzhafter Impulse. Das weibliche Sexualhormon Östrogen hat zwar auch eine dämpfende Wirkung, aber seine Konzentration schwankt, das Absinken in der zweiten Hälfte des Monatszyklus macht Frauen besonders empfindlich. Warum hat die Natur Mann und Frau unterschiedlich für den Schmerz gerüstet? Ein Grund liegt auf der Hand: Männer als Jäger und Krieger konnten sich keine Feinnervigkeit leisten.

*Thomas Bittner*

[1] sensibel = empfindsam

[2] Rezeptor = Nervenzelle, die Reize aufnimmt

1. Formuliere vier W-Fragen zum Text.

W ______________________________

W ______________________________

W ______________________________

W ______________________________

**Lerntipp**
Trainiere das Fragenstellen möglichst oft, dann fällt es dir bald ganz leicht.

2. Nun gibt es verschiedene Antworten und du sollst passende Fragen dazu stellen.

**Antwort:** Nein, Männer und Frauen sind unterschiedlich.

______________________________

**Antwort:** Einer der Unterschiede besteht in der Schmerzempfindlichkeit.

______________________________

**Antwort:** Die Haut von Frauen ist dünner, deshalb reagiert sie besonders empfindlich auf Druck.

______________________________

3. Bei dieser Übung findet genau der umgekehrte Vorgang statt: Du bekommst eine gewisse Anzahl an Fragen und sollst einen Text schreiben, der Antworten auf die Fragen liefert.
Gib deinem Text auch eine Überschrift.

- Sind Männer schmerzempfindlicher als Frauen?
- Warum hat die Natur Mann und Frau unterschiedlich für den Schmerz gerüstet?
- Was ist die Ursache?

______________________________

______________________________

______________________________

______________________________

______________________________

**Information**
**Ergänzungsfragen** sind nicht mit Ja oder Nein zu beantworten, z. B. „Warum steigt die Umweltbelastung?" Ihr Gegenteil sind die **Entscheidungsfragen**, die mit Ja oder Nein zu beantworten sind, z. B. „Kommst du heute Abend zur Party?"

# Übung 4

## Zahnpasten im Vergleich

### Testergebnisse Zahnpasten

| | | | | Zahnmedizinische Beurteilung | | Vorbeugende Wirkstoffe | | | | Chemische Merkmale | | |
|---|---|---|---|---|---|---|---|---|---|---|---|---|
| | Inhalt in ml | Durchschnittspreis in € | Preise für 100 ml in € ca. | Kariesprophylaxe | Abrieb (Abrasivität) | Paradontitis | Zahnfleischentzündung | Zahnstein | Mundgeruch | Gesamtfluorid in mg/kg | pH-Wert | Triclosan |
| Zahnpasta A | 75 | 1,50 | 2,00 | ++ | hoch | ○ | ● | ● | ● | 1455 | 7,4 | ● |
| Zahnpasta B | 75 | 1,19 | 1,59 | + | mittel | ○ | ○ | ○ | ○ | 1355 | 7,2 | ○ |
| Zahnpasta C | 75 | 2,00 | 2,67 | ++ | mittel | ● | ● | ● | ● | 1420 | 7,4 | ● |
| Zahnpasta D | 75 | 1,19 | 1,59 | ++ | mittel | ○ | ○ | ○ | ○ | 1410 | 7,3 | ○ |
| Zahnpasta E | 125 | 0,97 | 0,78 | ++ | niedrig | ○ | ● | ● | ● | 1395 | 6,5 | ○ |
| Zahnpasta F | 75 | 2,13 | 2,84 | ++ | mittel | ○ | ○ | ○ | ○ | 1335 | 7,7 | ○ |
| Zahnpasta G | 125 | 0,99 | 0,79 | ++ | mittel | ○ | ● | ● | ● | 1380 | 6,9 | ○ |
| Zahnpasta H | 75 | 1,97 | 2,63 | ++ | mittel | ○ | ○ | ○ | ○ | 1330 | 6,8 | ○ |
| Zahnpasta I | 75 | 3,70 | 4,93 | ++ | niedrig | ○ | ● | ● | ● | 1320 | 6,3 | ○ |
| Zahnpasta J | 75 | 2,96 | 3,95 | ++ | niedrig | ○ | ● | ● | ● | 1325 | 6,9 | ● |
| Zahnpasta K | 75 | 0,98 | 1,29 | + | mittel | ○ | ○ | ○ | ○ | 1380 | 8 | ○ |

● = ja, vorhanden

○ = nein, nicht vorhanden

Beurteilungsnoten: sehr gut (++), gut (+)

**Lerntipp**

Stell Fragen an den Text, wenn du die Überschrift liest: Was willst du wissen? Worauf willst du eine Antwort haben?

### Auf Triclosan[1] verzichten

Diese Chemikalie in der Zahnpasta vernichtet Mikroorganismen, die für eine gesunde Mundflora wichtig sind. Triclosan wird heute vielfach in Desinfektions- und Reinigungsmitteln, Kosmetika oder Textilien eingesetzt. Meist werden derartige Produkte mit dem Zusatz „antibakteriell“ beworben. Ihre Verwendung ist allerdings im privaten Bereich in der Regel nicht nur unnötig, sondern auch gefährlich.

Der Stoff wird durch Haut und Schleimhäute aufgenommen, kann sich im Fettgewebe des Körpers anreichern und wurde bereits in der Muttermilch nachgewiesen. Das Mittel steht im Verdacht krebserregend zu sein. Bei häufiger Anwendung können sich Keime vermehren, die zudem gegen Antibiotika[2] resistent[3] sind. Mediziner und Behörden in EU-Ländern warnen deshalb vor dem Einsatz von Triclosan im Haushalt.

Die Verwendung sollte sich im Wesentlichen auf den ärztlichen Bereich beschränken. Im privaten Bereich sollten antibakterielle Haushaltsprodukte, Kosmetika und Textilien nur auf ärztliche Empfehlung eingesetzt werden.

### Mundgeruch

Bei etwa 80 Prozent der Erwachsenen findet sich Zahnstein. Mit einer Zahnpaste lässt er sich nicht beseitigen. Einige Hersteller versprechen auch noch, mit ihren Zahnpasten Mundgeruch zu bekämpfen. Da die Ursachen für Mundgeruch jedoch meist in der Mundhöhle – vor allem Bakterienbelag auf dem hinteren Zungenrücken – zu finden sind, hilft Zähneputzen in der Regel kaum weiter. Mundwässer sind zwar besser geeignet, können das Übel aber häufig auch nicht beseitigen. Am vorteilhaftesten gegen Mundgeruch ist die Benutzung einer Zungenbürste, die in Drogerien oder Apotheken erhältlich ist und jeweils morgens und abends beim Zähneputzen verwendet werden sollte.

1. Beantworte nun die folgenden Fragen zur Tabelle.

a) Worüber informiert die Tabelle?

______________________________

b) Wie viele Produkte wurden getestet?

______________________________

c) Wie erfolgte die zahnmedizinische Beurteilung? Was wurde bewertet?

______________________________

[1] Triclosan = eine chemische Verbindung mit antibakterieller und konservierender Eigenschaft

[2] Antibiotika = biologische Wirkstoffe gegen Krankheitserreger

[3] resistent = widerstandsfähig

d) Gegen welche Probleme können vorbeugende Wirkstoffe in den Zahnpasten enthalten sein?

e) Welche chemischen Merkmale wurden in den Test mit einbezogen?

f) Vergleiche die ersten beiden Zahnpasten miteinander.
Welche ist die billigere?

2. Beantworte auch diese Fragen.

a) Welche Zahnpasta ist die billigste und welche die teuerste?

b) Welche Zahnpasten enthalten Triclosan?

c) Bei welchen Zahnpasten ist die Kariesprophylaxe nur gut?

d) Welche Zahnpasta hat den niedrigsten pH-Wert?

e) Welche Zahnpasten haben 125 ml Inhalt?

3. Kannst du auch diese Fragen beantworten?

a) Was ist Triclosan und wie wirkt es?

b) Warum ist die Verwendung von Triclosan sogar gefährlich?

c) Was ist die häufigste Ursache von Mundgeruch?

d) Kläre die Begriffe „Karies“, „Kariesprophylaxe“ und „Paradontitis“ mit einem Lexikon oder mithilfe des Internets.

# Übung 5

Maria wohnt in Stuttgart und will vom 2. – 4. Dezember ihre Tante in München besuchen. Dazu hat sie sich im Internet die passenden Zugverbindungen aufgelistet.

| Hinfahrt | | | | | |
|---|---|---|---|---|---|
| Bahnhof/Haltestelle | Datum | Zeit | Dauer | Umst. | Verkehrsmittel |
| → Stuttgart Hbf<br>→ München Hbf | 2. 12. '10 | AB: 09:12<br>AN: 11:33 | 2:21 | 0 | ICE |
| → Stuttgart Hbf<br>→ München Hbf | 2. 12. '10 | AB: 09:58<br>AN: 12:17 | 2:19 | 0 | EC |
| → Stuttgart Hbf<br>→ München Hbf | 2. 12. '10 | AB: 10:12<br>AN: 12:33 | 2:21 | 0 | ICE |
| → Stuttgart Hbf<br>→ München Hbf | 2. 12. '10 | AB: 11:12<br>AN: 13:33 | 2:21 | 0 | ICE |
| → Stuttgart Hbf<br>→ München Hbf | 2. 12. '10 | AB: 11:58<br>AN: 14:17 | 2:19 | 0 | EC |

1. Beantworte nun die folgenden Fragen.

a) Wo wohnt Maria?

___

b) Von welchem Bahnhof fährt Maria los?

___

c) Auf welchem Bahnhof kommt Maria an?

___

d) Muss Maria umsteigen?

___

e) Maria fährt um 10.12 Uhr weg.
Wann kommt sie an und wie lange dauert die Fahrt?

___

f) Was bedeutet ICE?

___

2. Beantworte auch diese Fragen.

a) Suche die Fahrplanabfrage der Deutschen Bahn im Internet. Wie gehst du vor? Welche Suchbegriffe gibst du in die Suchmaschine ein?

______________________________

b) Du willst am 1. Dezember zwischen 8.00 und 10.00 Uhr morgens von Hamburg Hbf nach Berlin Hbf mit dem Zug fahren.
Suche die Verbindung heraus.
Wie lange dauert die kürzeste Fahrt?

______________________________

c) Was kostet das Ticket?

______________________________

d) Suche beliebige Zugverbindungen heraus.

3. Kannst du auch diese Fragen beantworten?

a) Was ist die BahnCard?
Suchmaschine: www.google.de
Suchbegriff: BahnCard

______________________________

______________________________

______________________________

b) Was ist das „Schönes-Wochenende-Ticket“?
Suchmaschine: www.google.de
Suchbegriff: Schönes-Wochenende-Ticket

______________________________

______________________________

______________________________

# Übung 6

## Eine Reise nach Wien

Stell dir vor, du fährst mit deinen Eltern in den Ferien für ein paar Tage nach Wien in Österreich. In einem Prospekt findest du folgende Informationen:

**Das Kombiticket ÖBB – Kunsthistorisches Museum**

Die ÖBB, die Wiener Linien und das Kunsthistorische Museum bieten Ihnen die perfekte Kombination aus Freude am Bahnfahren, schnellen Verbindungen mit den Wiener öffentlichen Verkehrsmitteln und absolutem Kunstgenuss.

**Das Ticket beinhaltet:**

- Bahnfahrt 2. Klasse von allen ÖBB Bahnhöfen nach Wien und zurück, wahlweise für 1 oder 3 Tage
- Tageskarte für die Kernzone 100 in Wien (ausgenommen Nachtbus), wahlweise für 1 oder 3 Tage
- Eintrittskarte für das Kunsthistorische Museum

**Infos und Ticketverkauf:**

Tickets bei allen ÖBB Fahrkartenschaltern, bei den Reisebüros am Bahnhof und beim CallCenter 05-1717 (Ortstarif). Weitere Informationen auf www.oebb.at

Öffnungszeiten Kunsthistorisches Museum (khm)

Dienstag – Sonntag 10 – 18 Uhr

Donnerstag 10 – 21 Uhr

MARIA-THERESIEN-PLATZ
| 1010 WIEN | www.khm.at

**Preisbeispiele:**

| Bahnfahrt plus Netzkarte Wien für 1 Tag plus Eintritt KHM | | | |
|---|---|---|---|
| | Erwachsene | Kinder (6-14 J.) | Familie mit VC* |
| → ab Wr. Neustadt | € 20,90 | € 8,10 | € 41,20 |
| → ab St. Pölten | € 23,50 | € 9,40 | € 44,80 |
| → ab Linz | € 51,30 | € 23,30 | € 78,40 |
| → ab Graz | € 59,30 | € 27,30 | € 88,40 |
| → ab Salzburg | € 89,10 | € 42,20 | € 114,80 |

| Bahnfahrt plus Netzkarte Wien für 3 Tage plus Eintritt KHM | | | |
|---|---|---|---|
| | Erwachsene | Kinder (6-14 J.) | Familie mit VC* |
| → ab Wr. Neustadt | € 27,70 | € 10,30 | € 59,20 |
| → ab St. Pölten | € 30,30 | € 11,60 | € 62,80 |
| → ab Linz | € 58,10 | € 25,50 | € 96,40 |
| → ab Graz | € 66,10 | € 29,50 | € 106,40 |
| → ab Salzburg | € 95,90 | € 44,40 | € 132,80 |

** Preis gilt für 2 Erwachsene + 2 Kinder mit ÖBB VORTEILScard Familie*

**Die ÖBB-VORTEILScard**

Die Kundenkarte mit über 1.500.000 Inhabern.
Reisen Sie schnell, bequem und vor allem mindestens 45 Prozent günstiger mit der Bahn. Wenn Sie Ihre Tickets hier im Internet oder am Ticketautomaten buchen sogar mit 50 Prozent Ermäßigung! Ganz egal wohin in Österreich und unabhängig von der Zuggattung oder Wagenklasse (ausgenommen Verbundtarife in den Bundesländern). Als Besitzer einer VORTEILScard reisen Sie außerdem besonders günstig durch viele europäische Länder. Dank RAILPLUS sparen Sie 25 Prozent bei grenzüberschreitendem Bahnverkehr.

1. Beantworte nun die folgenden Fragen.

a) Welches Ticket wird ins Kunsthistorische Museum angeboten?

______________________________

b) Wer bietet das Kombiticket an?

______________________________

c) Was beinhaltet das Ticket?

______________________________

______________________________

d) Was bedeutet RAILPLUS? Recherchiere im Internet.
Suchmaschine: www.google.de
Suchbegriff: Railplus

2. Kannst du auch diese Fragen beantworten?

a) Hat das Kunsthistorische Museum am Montag geöffnet?
ja ☐
nein ☐

b) Ist das Kunsthistorische Museum von Dienstag bis Sonntag über die Mittagszeit geöffnet?
ja ☐
nein ☐

c) Was kostet das Kombiticket mit einer Netzkarte für Wien für 1 Tag ab Salzburg pro Erwachsenen?

d) Wie viel zahlt eine Familie mit zwei Kindern für ein Kombiticket mit einer Netzkarte für Wien für 3 Tage ab Linz mit der VORTEILScard?

e) Was bringt die ÖBB-VORTEILScard?

# Übung 1

Lerntipp
Schlüsselwörter sind die aussagekräftigen Wörter im Text. Wenn du das Wort hörst, sollten dir die dazugehörigen Informationen einfallen.

Lies den gesamten Text durch und unterstreiche beim zweiten Lesedurchgang mit Bleistift die wichtigen Schlüsselwörter.

Lies dann nur deine unterstrichenen Begriffe. Kannst du mithilfe deiner Schlüsselwörter den Textinhalt wiederholen?

Sprecht in der Klasse darüber, welche Begriffe ihr markiert habt und warum.

Nimm dann einen Leuchtstift und markiere nur die wichtigen Wörter.

## Überschallflüge

Nach 20 Jahren Entwicklungszeit war es 1976 so weit: Die Concorde wurde im Linienflug eingesetzt. Nun konnte jeder, der es sich leisten konnte und wollte, in knapp vier Stunden von Paris und London aus nach New York fliegen. Die Überschallgeschwindigkeit misst man in Mach. Bei Mach 1 wird die Schallmauer durchbrochen. Den monströsen Knall dabei hörten die Passagiere übrigens nicht – sie reisten ja mit dem Schall. Aber die Flugkabine war eng und unbequem, und die Ticketpreise waren gesalzen. Kein Wunder, dass nicht allzu viele Menschen den rasanten Flug über den Atlantik buchten. So waren es hauptsächlich Geschäftsleute, Schauspieler, Fotomodelle und Popstars, die mit 2000 km/h von Europa nach Amerika und zurück düsten – Leute, für die Geld keine Rolle spielt und für die ein Concorde-Flug zum guten Ton gehörte.

Aber es gab noch andere Gründe dafür, dass die Concorde nur sehr eingeschränkt zum Einsatz kam. Zum einen war sie schrecklich laut. Deswegen durfte sie auch nur über dem Meer mit Überschallgeschwindigkeit fliegen. Zum anderen verbrauchte sie Unmengen an Sprit und wurde deshalb von Experten als sehr umweltschädlich angesehen. Vor allem wegen des Lärms erhielt sie nur auf vier Flughäfen Landegenehmigungen: London, Paris, New York und Washington. Mangels Nachfrage wurde die Produktion der Concorde bereits nach 20 Maschinen eingestellt. Heute sind Überschallflüge im Linienverkehr Vergangenheit.

*Bettina Grabis*

Lerntipp
Stell Fragen an den Text, bevor du mit dem Markieren beginnst, z. B. „Wie misst man die Überschallgeschwindigkeit?“; „Wann wird die Schallmauer durchbrochen?“

## Übung 2

Lies den folgenden Text aufmerksam durch und markiere die Antworten auf die folgenden Fragen:

a) Wann kommen Jungs in den Stimmbruch?

______________________________

b) Welche zwei Aspekte sind ausschlaggebend?

______________________________

______________________________

**Lerntipp**

Stell Fragen an den Text, bevor du mit dem Markieren beginnst, z. B. „Wann kommen Jungs in den Stimmbruch?"; „Welche Aspekte sind ausschlaggebend?" Markiere nur einzelne Wörter. Überlege, bevor du markierst, ob das Wort wirklich für die Erinnerung hilfreich ist.

## Der Stimmbruch

Mit etwa 14 Jahren kommen Buben in den Stimmbruch. Was passiert mit der Stimme? Ein deutliches Anzeichen, dass ein Junge in die Pubertät kommt, ist seine Stimme. Hatte der Knabe gerade noch einen hohen, klaren Alt oder Sopran, wird der Klang plötzlich brüchig und rau, entgleist ihm unkontrolliert und geht bei zwei Drittel der Betroffenen in einen tiefen Bass oder Bariton über. Mädchen durchlaufen dahingehend kaum eine Veränderung. Ihre Stimme wird lediglich geringfügig dunkler und erwachsener. Was genau passiert im männlichen Körper? Zwei Aspekte sind ausschlaggebend. Durch die vermehrte Produktion männlicher Hormone wird das Wachstum angeregt. Davon sind auch Kehlkopf und Stimmlippen betroffen. Bis zu einen Zentimeter legen die Stimmlippen zu, allerdings nicht auf beiden Seiten im gleichen Tempo. Das führt dazu, dass die Stimme in der Phase der Veränderung „hin- und herrutscht". Sind die Stimmlippen dann endlich ausgewachsen, schwingen sie aufgrund ihrer Größe und Dicke langsamer als zuvor. Das Ergebnis sind tiefere Töne. Aspekt Nummer zwei ist die Lage des Kehlkopfes. Das Wachstum sorgt nämlich auch dafür, dass der Hals länger wird und der Kehlkopf eine tiefere Position im Hals in der Nähe des Brustkorbes einnimmt. Letzterer wird zum Resonanzkörper, der den vollen männlichen Klang erzeugt. Bei Mädchen findet ebenfalls ein Wachstum der Stimmlippen statt. Dies bleibt aber im Rahmen von maximal drei Millimetern, sodass eine Veränderung um eine ganze Oktave unmöglich ist.

*Iris Hammelmann*

# Übung 3

## Wolfgang Amadeus Mozart

### Geburt

Wolfgang Amadeus Mozart kam am 27. Januar 1756 als siebentes Kind der Familie in der Stadt Salzburg zur Welt. Die Familie wohnte im 3. Stock des Hauses Getreidegasse 9. Wolfgang lebte hier bis zu seinem 17. Lebensjahr. Mozart war nur 1 m 50 cm groß und nicht besonders hübsch, weil Pockennarben sein Gesicht verunzierten. Sein blondes Haar trug er zusammengebunden zu einem Zopf.

1. Lies Absatz für Absatz durch und markiere erst beim zweiten Lesedurchgang die wichtigen Schlüsselwörter und deren Zusatzinformationen.

**Lerntipp**
Überlege beim Markieren genau, welche Stichworte dich am besten an wichtige Textinhalte erinnern. Diese Stichworte markierst du dann.

### Familie

Der Vater Leopold stammte aus Augsburg und arbeitete als Komponist und Geiger für den Fürsterzbischof von Salzburg. Er war Lehrer und „Manager" seiner beiden Wunderkinder. Die Mutter Anna Maria hatte 7 Kinder, aber nur die beiden jüngsten, Nannerl und Wolfgang, überlebten.

2. Markiere fünf Schlüsselwörter.

**Lerntipp**
Stell dir beim Markieren immer die Frage: Was ist wichtig in diesem Absatz und was sollte oder will ich mir merken?

### Jugend und Ausbildung

Wolfgang und Nannerl galten als Wunderkinder. Das bedeutet, dass sie außergewöhnlich gut musizierten. Sie bekamen beim Vater Klavierunterricht. Wolfgang lernte auch Geige und das Komponieren. Da die Kinder oft und lange auf Konzertreisen waren, besuchten sie keine Schule, sondern lernten nur vom Vater. Die beiden Kinder musizierten vor Fürsten und Königen. Einmal spielten sie sogar der österreichischen Kaiserin Maria Theresia in Schönbrunn vor. Wolfgang war damals 5 Jahre alt. Nach dem Konzert soll er auf Maria Theresias Schoß gekrabbelt sein, um ihr ein Küsschen zu geben.

3. Markiere zwölf Schlüsselwörter.

### Lebensende

Mozart wurde nur knapp 36 Jahre alt. Die letzten 5 Jahre seines Lebens verbrachte er sehr zurückgezogen. Er starb am 5. Dezember 1791. Er arbeitete gerade an einer Totenmesse (Requiem). Nur einige Freunde kamen zum Begräbnis am St. Marxer Friedhof. Der berühmteste Musiker Österreichs wurde in einem Armengrab beigesetzt.

4. Markiere fünf Schlüsselwörter.
   Das Datum des Todestages gilt als ein Schlüsselwort.

5. Schreibe nun in die vorgegebenen Spalten eine kurze Wiederholung des Textes in Stichworten.

| Schlüsselwörter zu Wolfgang A. Mozart | Zusatzinformationen |
|---|---|
| Geburt | 27. Januar 1756 in Salzburg, nur 1,50 m groß |
| | |
| | |
| | |

6. Wiederhole nun anhand deiner Zusammenfassung den Textinhalt. Wer will die Zusammenfassung laut vortragen?

# Übung 4

1. Lies zunächst den gesamten Text durch und markiere erst beim zweiten Lesedurchgang die wichtigen Schlüsselwörter und die Zusatzinformationen.

## Das Bügeleisen

### Satzeisen

Erste Bügeleisen in Schiffchenform gab es schon im 15. Jahrhundert. Man nannte sie Satzeisen. Zuerst bestanden sie nur aus einem einzigen Metallstück, deshalb waren sie auch sehr schwer. Zum Erhitzen stellte man sie auf den Herd. Da der Griff dabei aber auch heiß wurde, erzeugte man Handgriffe, die in die aufgeheizten Eisen eingehängt wurden.

### Stageleisen (Stacheleisen)

Schon etwas leichter waren die Bügeleisen, die innen hohl waren. Ein Eisenteil, das direkt ins Herdfeuer gelegt wurde, konnte von hinten beim geöffneten Türchen des Bügeleisens eingeschoben werden. Dieser Teil war vorne spitz wie ein Stachel. Daher auch der Name.

### Kohlebügeleisen

Kohlebügeleisen konnte man von oben her öffnen. In den Hohlraum füllte man glühende Holzkohlen, die für die Hitze sorgten.
Oft spritzten jedoch Glutteile aus den Öffnungen und hinterließen kleine Brandlöcher.

### Elektrobügeleisen

Erfunden wurden sie so um 1880. Patente* wurden zu dieser Zeit in den USA, in England, Frankreich, Deutschland und Österreich angemeldet. Im Innern wurde ein schlangenförmiger Draht durch elektrischen Strom erhitzt. Die Temperatur konnte man noch nicht regeln. Nach diesem Prinzip funktionieren auch noch moderne Bügeleisen.

* Patent = Schutzrecht für eine Erfindung

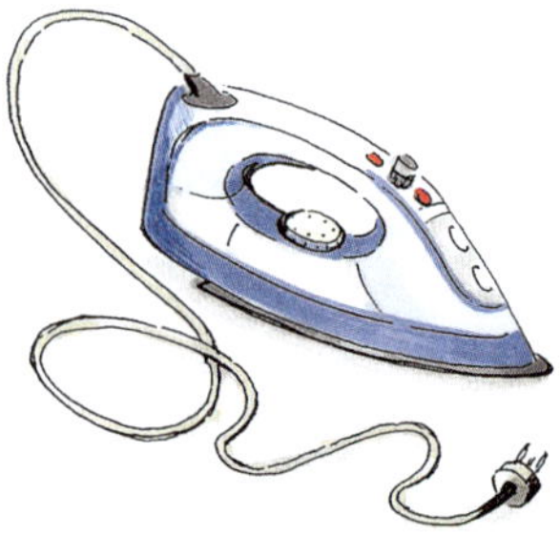

**Dampfbügeleisen**

Im Laufe der Zeit wurden die Elektrobügeleisen bedeutend verbessert. Es wurden Bügeleisen erfunden, die einen Wassertank eingebaut haben. Das Wasser im Tank wird durch die Hitze im Bügeleisen mit erwärmt, bis es verdampft. Der Dampf tritt durch kleine Öffnungen an der Unterseite (Bügelsohle) aus und befeuchtet die Bügelwäsche. Das erleichtert das Bügeln sehr. Bei diesen Bügeleisen kann nun auch die Bügeltemperatur eingestellt werden, um empfindliche Stoffe nicht zu überhitzen.

2. Schreibe nun in die vorgegebenen Spalten eine kurze Wiederholung des Textes in Stichworten. Orientiere dich dabei an den Wörtern, die du markiert hast.

| Schlüsselwörter | Zusatzinformationen |
|---|---|
| Satzeisen | 15. Jh., aus einzigem Metallstück, schwer, zum Erhitzen auf Herd, Handgriff wurde eingehängt |
| | |
| | |
| | |
| | |

3. Wiederhole nun anhand deiner Zusammenfassung den Textinhalt. Wer will die Zusammenfassung laut vortragen?

## Übung 1

1. Stell dir vor, du musst die folgende Geschichte nacherzählen und darfst dir dazu als Hilfestellung einen Stichwortzettel schreiben.

   Lies die Geschichte aufmerksam durch und markiere max. 30 Schlüsselwörter. Schreibe die Schlüsselwörter dann auf den Stichwortzettel.

**Lerntipp**
Schlüsselwörter sind Stichworte, die für die Erinnerung eine wesentliche Rolle spielen. Indem du dir einen Stichwortzettel zu einem Thema erstellst, prägt sich das Gelesene viel besser und nachhaltiger ein.

**Lerntipp**
Beim Herausschreiben der Stichworte kannst du nochmals überlegen, welche wirklich für die Erinnerung notwendig sind.

### Der Fluch der Nixe vom Neusiedler See

In alten Zeiten, als noch das muntere Völklein der Nixen und Wasserfeen in den spiegelnden Fluten des Neusiedler Sees sein neckisches Spiel trieb und sich hie und da unvermutet auch den Augen der Menschen zeigte, wohnte am Ufer des Sees ein alter, geiziger Fischer. Täglich legte er seine Netze im See aus und kehrte am Abend, mit reicher Beute beladen, in seine Hütte zurück. Der Verkauf der Fische brachte ihm stets guten Gewinn, und so war er mit der Zeit ein wohlhabender Mann geworden. Er hätte es eigentlich nicht nötig gehabt, in lauten Jammer auszubrechen, wenn das Netz einmal nicht so voll war, aber er war unersättlich in seiner Gier nach Gewinn. Ständig hatte er etwas zu bejammern und zu beklagen. Als nun der Fischreichtum des Sees allmählich nachließ, schob er die Schuld daran auf die Wasserfeen. „Ihr habt durch euer unruhiges Treiben die Fische verjagt!“, warf er ihnen vor und schalt und beschimpfte sie mit hässlichen Worten.

Stichwortzettel:

___

___

___

___

___

___

___

___

___

___

___

___

Eines Tages hatte er wieder sein Boot bestiegen und war das Seeufer entlanggefahren. Da bemerkte er in einer Bucht ein anmutiges Wesen, das sich vergebens bemühte, von der Stelle zu kommen. Als er näher heranruderte, erkannte er, dass es eine wunderschöne Wassernixe war. Sie hatte sich in einem seiner Netze verstrickt und bei ihren Anstrengungen, sich zu befreien, mehrere Löcher hineingerissen.

Stichwortzettel:

„Hilf mir aus dem Netz!“, bat sie flehentlich. „Sieben Tage und sieben Nächte bin ich hier schon gefangen, und es gelingt mir nicht loszukommen. Meine Kinder weinen nach mir.“ Aber der Fischer hatte taube Ohren für ihre Bitte. Wütend, dass ihm die Fee die Fische verjagt und noch dazu das Netz zerrissen hatte, stieß er mit seiner Gabel das Seeweib nieder, das ihm mit letzter Kraft noch zurief: „Sei verflucht für deine ruchlose Tat! Nie sollst du die Deinen wiedersehen!“ Dann versank sie sterbend im See.

Der Fischer lachte nur höhnisch. Er glaubte der Fee kein Wort. Da erbebte der Seegrund, finstere Nacht brach herein. Heulend fuhr ein rasender Sturmwind in die glatte Fläche des Sees und rührte gewaltige Wogen auf. Die Windsbraut riss Fischer und Kahn in den offenen See hinaus, wo sich die tobenden Wellen über dem grausamen Mann schlossen, um ihn nie wieder herauszugeben.

Wenn an stillen Abenden dünne Nebelschleier den See bedecken, hört man wohl ferne ein leises Plätschern und Knirschen im See. Es ist der verdammte Fischer, der seinen Kahn mit müder Hand dem Ufer zusteuert. Doch sein Bemühen ist umsonst.

2. Wiederhole den Inhalt der Geschichte anhand deiner Stichwortliste. Erzähle dann die Geschichte mithilfe deiner Stichworte nach. Auf welche Wörter kannst du verzichten? Streiche sie durch.

# Übung 2

1. Stell dir vor, du musst den folgenden Text nacherzählen. Dazu darfst du dir als Hilfestellung einen Stichwortzettel schreiben.

   Lies den Text aufmerksam durch und markiere beim zweiten Lesedurchgang maximal 20 Wörter. Schreibe die wichtigsten Schlüsselwörter dann auf deinen Stichwortzettel.

Stichwortzettel:

________________

________________

________________

________________

________________

________________

________________

________________

________________

## Wie misst man Joule bzw. Kalorien?

Kalorie (cal), von lat. calor = Wärme, ist eine veraltete Einheit der Energie, insbesondere der Wärmemenge W. Sie wurde durch das Joule (J) abgelöst. Trotz der Umstellung auf Joule werden Brennwerte von Nahrungsmitteln nach wie vor in Kalorien bzw. Kilokalorien angegeben.

4,2 Joule = 1 Kalorie

Kalorien bzw. Joule zeigen also an, wie viel Wärme und Energie im Essen ist. Zur Messung braucht man ein Bombenkalorimeter: Mit ihm kann man die Anzahl der Joule/Kalorien in Lebensmitteln bestimmen. Das Bombenkalorimeter ist ein geschlossenes Metallgefäß mit dicken Wänden. Man gibt das Nahrungsmittel dort hinein und verbrennt es zu Asche. Die frei werdende WÄRME wird dann in Joule/Kalorien ausgedrückt. Je heißer es wird, desto mehr Energie wird frei und desto mehr Joule/Kalorien stecken im Essen. Eine Tafel Schokolade hat zum Beispiel rund 2268 Joule/540 Kalorien – mehr als ein Schnitzel.

*Tine Fassomytakis*

2. Erzähle nun den Text mithilfe deiner Stichwortliste nach. Sind wirklich alle Stichwörter für deine Nacherzählung notwendig? Streiche alle Wörter durch, die du nicht brauchst.

# Übung 3

## Wortbilder

**Wie erstellt man mithilfe der Buchstabenassoziation ein Wortbild?**

Lerntipp

Wortbilder sind eine hervorragende Erinnerungshilfe, weil die Buchstaben als Aufrufhilfe dienen. Merke dir Textinformationen, indem du sie mit den Buchstaben eines Schlüsselwortes verknüpfst.

Assoziieren heißt verknüpfen. Bei der Buchstabenassoziation legt man ein Schlüsselwort aus dem Lernstoff fest. Also wenn es zum Beispiel um Sauerstoff geht, dann lautet das Schlüsselwort Sauerstoff. Dann verknüpft man mit den Buchstaben des Schlüsselwortes wichtige Informationen aus dem Text. Die einzelnen Buchstaben dienen bei der Erinnerung als Aufrufhilfe.

Sauerstoff hat das chem. Symbol $O_2$ (von lat. oxygenium). Es ist ein farb- und geruchloses Gas. Sauerstoff ist ein wichtiger Bestandteil der Atemluft. Er wird zum autogenen Schweißen verwendet, sowie in der Stahlindustrie, als Raketentreibstoff und für medizinische Zwecke.

Du musst dabei nicht in der Reihenfolge der Buchstaben vorgehen.

Wortbilder können zu allen Lernthemen und Lernbereichen angelegt werden.

## Übung 4

1. Lies folgenden Text durch und markiere die Schlüsselwörter. Erstelle dann ein Wortbild mit dem Schlüsselwort „Lesen“.

Die Leselust lässt sich steigern, indem man entsprechend interessante oder lustige Literatur liest. Das kann ruhig schon einmal ein Comic sein. Bei spannendem Lesestoff kann es schon einmal passieren, dass man die Zeit vergisst. Neuigkeiten erfährt man aus der Zeitung. So manche Erkenntnis gewinnt man aus Fachliteratur.

Lesen

2. Markiere die Schlüsselwörter im Text und erstelle ein Wortbild als Erinnerungshilfe.

Die Ziege ist zwar eigensinnig und temperamentvoll, doch trotzdem zutraulich. Sie trägt einen Ziegenbart am Kinn. Die weibliche Ziege hat ein Euter mit zwei Zitzen. Sie liefert uns Ziegenmilch, aus der häufig Ziegenkäse hergestellt wird. Sie frisst gerne Gras, Getreideschrot und zerstoßene Kartoffeln.

Ziege

## Übung 5

Lerntipp
Fasse Lernstoff in Mindmaps und Diagrammen übersichtlich zusammen und nutze sie beim Mitschreiben.

Etwa 90% der Wörter, die wir beim linearen Mitschreiben notieren, sind für Erinnerungszwecke unnötig. Sie sind sozusagen nur Ballast, den wir mitschleppen.

Immer dann, wenn es Informationen zu einem zentralen Thema gibt, eignen sich Diagramme und Mindmaps zur übersichtlichen Darstellung.

### Die Grundregeln der Mindmap-Technik

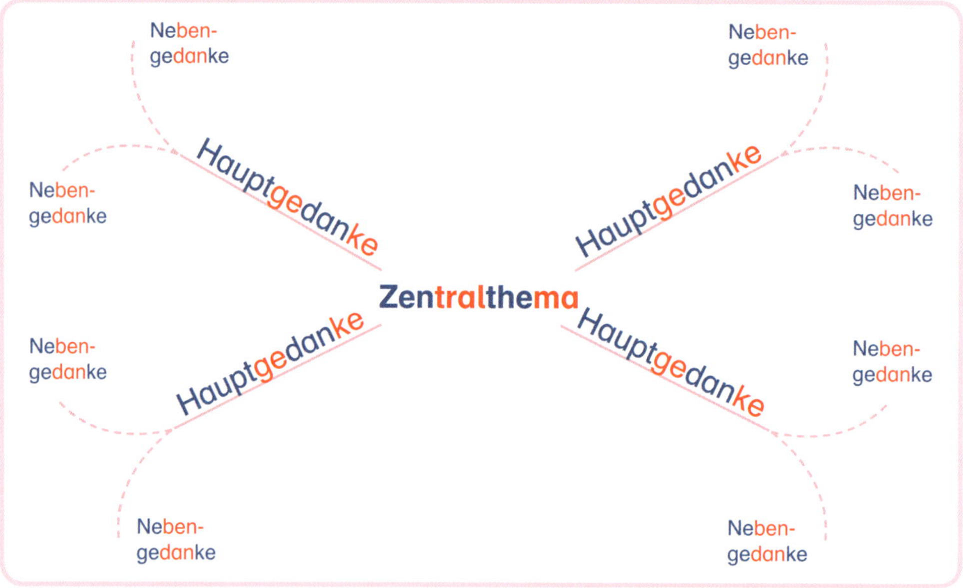


Lerntipp
Entwickle ruhig deine eigenen Mindmaps in Form und Aussehen. Hauptsache, sie helfen dir beim Lernen.

1. In der Mitte steht das zentrale Thema (= Hauptthema) oder das zentrale Bild.
2. Von diesem zentralen Thema strahlen die dazugehörigen Themen in Form von Ästen aus.
3. Man schreibt pro Ast nur eine Idee.
4. Um die Lesbarkeit zu erhöhen, schreibt man in Block- oder Druckbuchstaben.
5. Einfache Zeichnungen, Bilder und Symbole verbildlichen das Thema.
6. Zusammengehörige Äste können mit gleichen Farben markiert werden.

## Die Vorteile einer Mindmap

## Beispiel für eine Mindmap

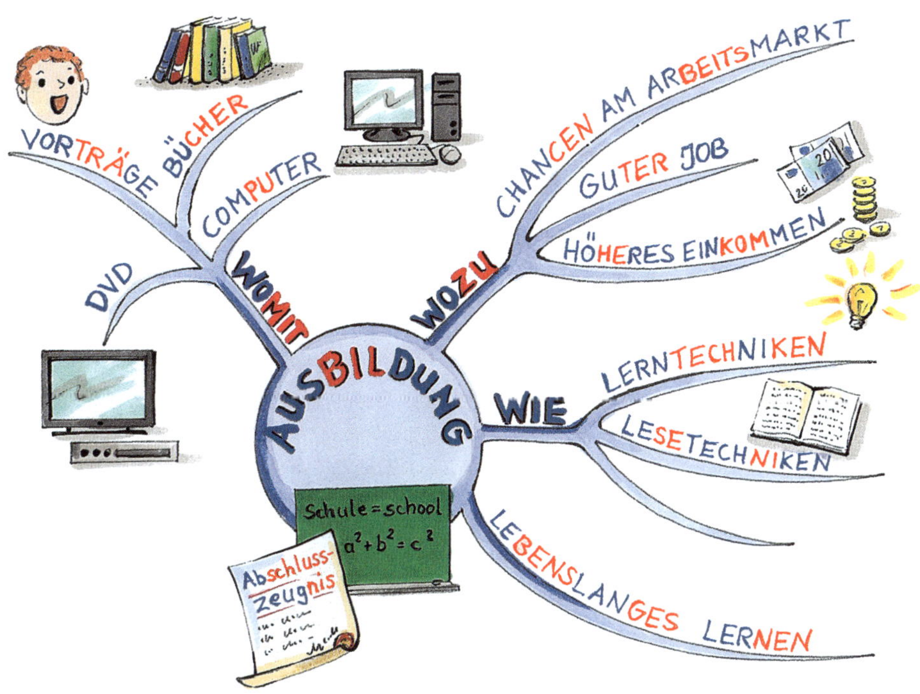

# Übung 6

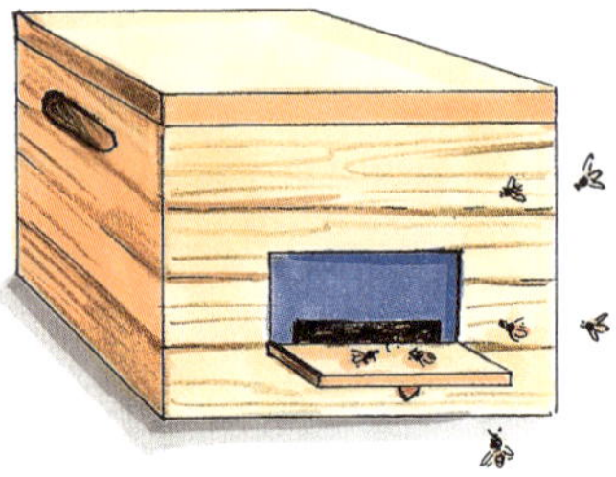

## Bienen

### Der Bienenstaat

In jedem Bienenstaat gibt es drei verschiedene Arten von Bienen und jede Biene hat ihre speziellen Aufgaben.

### Die Bienenkönigin

Jedes Jahr werden im Bienenstaat mehrere Königinnen geboren. Aber nur eine darf bleiben! Wenn im Frühjahr die erste junge Königin schlüpft, verlässt die Altkönigin mit einem Teil des Volkes das Nest und gründet einen neuen Staat. Die Königin ist die einzige Biene im Volk, die Eier produziert und Nachkommen zeugt. Im Frühjahr legt sie bis zu 2000 Eier pro Tag in den Brutzellen des Bienenstocks ab. Aus befruchteten Eiern werden Arbeiterinnen oder Königinnen und aus unbefruchteten Eiern männliche Bienen, sogenannte Drohnen.

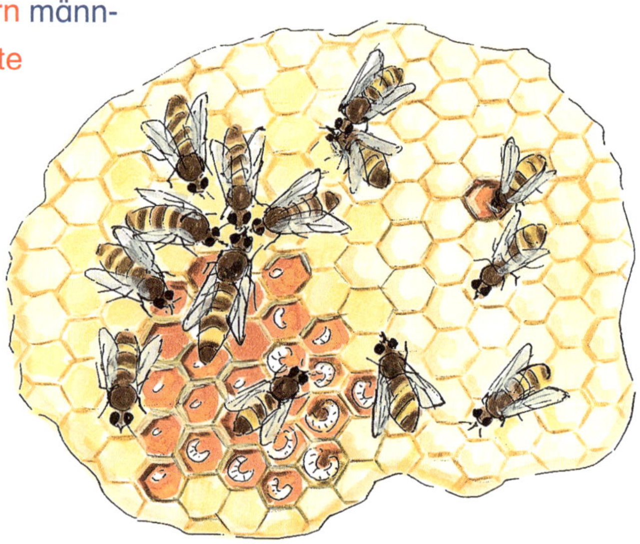

Eine Königin paart sich nur einmal im Leben auf dem Hochzeitsflug in luftiger Höhe.

Der dabei angelegte Spermienvorrat reicht der Königin für ihr ganzes Leben.

Lerntipp

Schreib doch einmal die einzelnen Schlüsselwörter auf Kärtchen und lege sie auf deinen Schreibtisch. Dann kannst du sie beliebig hin- und herschieben.

### Arbeitsbienen

Arbeitsbienen sind Mädchen für alles. Sie putzen die Wabenzellen für die Eiablage, sie füttern und betreuen den Nachwuchs und verstauen Nektar.

Wenn die Drüsen am Hinterleib der Biene Wachs produzieren, dann bauen und reparieren sie Waben. Auch Wachdienst zur Abwehr von Feinden am Eingang des Bienenstocks gehört zu ihren Aufgaben und natürlich das Sammeln von Nektar und Pollen.

**Drohnen**

Die Drohnen entwickeln sich aus unbefruchteten Eiern.

Drohnen müssen von den Arbeiterinnen gefüttert werden, sie gehen nicht auf Nahrungssuche und haben auch keinen Stachel. Ihre einzige Lebensaufgabe besteht darin, auf dem „Hochzeitsflug" eine Königin zu befruchten.

Für spätgeborene Drohnen besteht im August kaum noch eine Chance, auf eine paarungswillige Königin zu treffen. Sie werden von den Arbeiterinnen aus dem Stock geworfen oder totgestochen. So werden die Honigvorräte für den Winter geschont.

Erstelle nun eine Mindmap zum Text und zeichne auch eine Biene dazu.

# Übung 7

## Tabellen und Diagramme

Wenn Informationen zu einem Thema in einem Fließtext verpackt sind, ist es sinnvoll, die Informationen übersichtlich in Tabellen oder Diagrammen herauszuschreiben und zusammenzufassen.

**Lerntipp**
Auch wenn du bei einem Vortrag zuhörst oder dir eine Informationssendung im Fernsehen ansiehst, solltest du Mindmaps, Tabellen, Diagramme, Wortbilder oder Stichwortlisten zum Thema anlegen.

Für zeitliche Abfolgen eignen sich Flussdiagramme:

Baby
↓
Kleinkind
↓
Kindergartenkind

1640: Apotheker verkaufen Kakao als Stärkungsmittel
↓
18. Jh.: erste Schokoladenfabrik
↓
1828: erste Tafelschokolade

Willst du Vergleiche anstellen, eignen sich Tabellen:

| Name | Geburt | Tod | Besonderheiten |
|---|---|---|---|
| Bach | 1685 | 1750 | litt an einer Augenkrankheit |
| Mozart | 1756 | 1791 | stirbt arm |
| Beethoven | 1770 | 1827 | stirbt taub an einem Leberleiden |

# Übung 8

## Arbeitsbienen

### Arbeiterinnen sind Mädchen für alles

Der größte Teil der Bienen im Bienenstock sind Arbeitsbienen. Jede Arbeitsbiene hat nacheinander verschiedene Berufe: Kaum ist sie aus ihrer Brutzelle herausgeschlüpft, beginnt sie schon als Putzbiene. Sie reinigt alte Wabenzellen und bereitet sie für die Eiablage vor. Dann wird sie zur Ammenbiene. Das bedeutet, sie füttert und betreut die Brut. Später beginnen Drüsen am Hinterleib der Biene Wachs zu produzieren: Aus der Ammenbiene ist eine Baubiene geworden, die mit dem Wachs Bienenwaben konstruiert und repariert. Die nächste Aufgabe ist die Abwehr von Feinden am Eingang des Bienenstocks. Aus der Biene ist eine Wachbiene geworden. Im letzten Lebensabschnitt ist die Biene eine Sammelbiene. Sie fliegt aus, um Nektar und Pollen zu sammeln. Die Arbeitseinteilung in einem Bienenstaat kann je nach Bedarf aber auch variieren.

1. Markiere im Text alle Arten von Bienen (5 Wörter) mit einem Leuchtstift. Markiere mit einer anderen Farbe die Aufgabe der jeweiligen Bienenart.

2. Ergänze die Tabelle.

| Bienenart | Aufgabe |
|---|---|
| | reinigt Wabenzellen für Nachwuchs |
| | |
| | |
| | |
| | |

3. Stell, wie im Text beschrieben, im vorgegebenen Flussdiagramm den normalen Lebensablauf einer Arbeitsbiene dar.

4. Beantworte nun die folgenden Fragen.

a) Welche fünf Möglichkeiten hast du bis jetzt kennengelernt, um Textinhalte übersichtlich darzustellen?

b) Wie erstellt man mithilfe der Buchstabenassoziation ein Wortbild?

c) Erkläre die Grundregeln der Mindmap-Technik.

# Übung 9

1. Vor dem Lesen:
   Überfliege den folgenden Text und verschaffe dir zunächst einen Überblick über den Artikel.

   Beantworte diese Fragen:

a) Wozu dient der Text?
   - der Unterhaltung ☐
   - der Information ☐

b) Worum geht es?

c) Warum sind die Bilder wichtig?

2. Lies den Text nun aufmerksam durch.

**Lerntipp**
Indem du vor dem genauen Lesen den Text überfliegst, kannst du schon entscheiden, ob der Text für dich interessant sein wird. Das spart Zeit und Kraft. Vor allem, wenn du eine ganz bestimmte Information suchst oder wenn du viele Seiten zu einem Thema durchschauen musst.

## Die Monster aus dem Meer

Dinosaurier kennen wir alle. Doch auch unter Wasser lebten vor Millionen Jahren faszinierende und extrem gefährliche Tiere: Fische, so mächtig, dass sie zwei Meter große Tiere im Ganzen verschlangen, und zehn Meter lange Fleischfresser mit messerscharfen Riesenzähnen. Komm mit auf eine Reise in die Meereswelt der Urzeit!

Damals waren Teile Europas und Nordamerikas lange Zeit von Wasser bedeckt. Gigantische Seeskorpione lebten dort, wo heute Wiesen, Äcker und Städte sind. Vor über 400 Millionen Jahren existierte ein Riesenkontinent: Gondwana. Zu ihm gehörten fast ganz Afrika, Australien, die Antarktis, Südamerika und Indien. Erst im Laufe der Zeit drifteten die Landmassen auseinander. Bis die Kontinente schließlich so über der Erde verteilt waren, wie wir sie heute kennen. Unter Wasser entstanden gleichzeitig immer mehr Tiere: erst Krebse, dann tintenfischähnliche Weichtiere, später Fische, krokodilähnliche Reptilien und schließlich Säugetiere, die zum Beispiel heutigen Walen ähneln.

**Liopleurodon – der gefährliche Riese**

Er ist der mächtigste Unterwasserräuber aller Zeiten. Gigantische 25 Meter wurde er lang. Leise glitt er durch das Wasser, auf der Suche nach Krokodilen und großen Fischen. Er konnte unter Wasser sogar riechen – so bemerkte er seine Beute schon von Weitem. Seine Zähne waren scharf wie Nägel und doppelt so lange wie die vom Tyrannosaurus Rex! Sein Maul war drei Meter lang! Fossilien wurden in Deutschland, Frankreich und Russland gefunden. Als er lebte – vor 160 bis 155 Millionen Jahren – war Europa von einem großen Meer bedeckt.

**Tanystropheus – fleischfressender Langhals**

Der hier hat eine entfernte Ähnlichkeit mit dem Seeungeheuer Nessie. Tatsächlich lebte der Giraffenhalssaurier aber in keinem See in Schottland, sondern jagte an der Küste vor 235 bis 210 Millionen Jahren nach Beute. Der sechs Meter lange Fleischfresser suchte an Land nach Insekten und kleinen Reptilien, im Wasser verputzte er Fische. Wie Eidechsen konnte er seinen Schwanz abwerfen, wenn ein Feind ihn daran packen wollte. Der gestreifte Schwanz wuchs dann einfach nach.

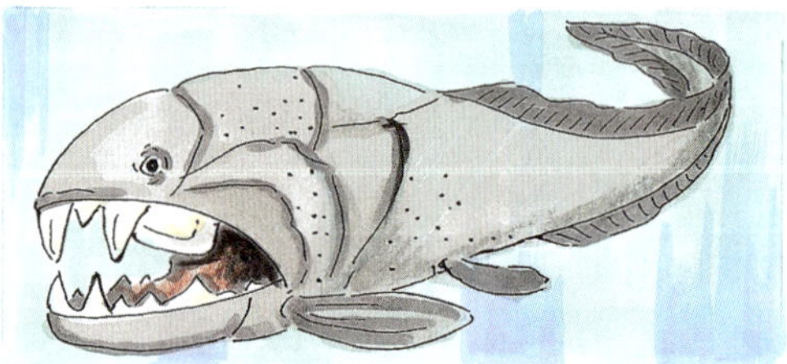

**Dunkleosteus – Panzerfisch mit scharfen Zähnen**

Die enormen Hauer in seinem Maul sind keine echten Zähne, sondern lange, rasiermesserscharfe Knochenplatten. Damit zermalmte er vor allem große Fische und Haie. Manchmal fraß er sogar seine Artgenossen. Sein Kopf war stark gepanzert – so war er gut geschützt. Acht bis zehn Meter war der Fisch lang, der vor 370 bis 360 Millionen Jahren lebte.

**Cameroceras – gigantische Krake**

Heutige Tintenfische sehen zwar auch manchmal etwas scheußlich aus – aber verglichen mit diesem Kerl sind sie harmlose Kuscheltiere: Vor 470 Millionen Jahren war der Cameroceras das größte Tier der Welt: Elf Meter maß er, außerdem hatte er meterlange Tentakel, fraß Seeskorpione und Weichtiere. Er starb vor 440 Millionen Jahren aus. Uahh!

**Stethacanthus – Haifisch mit seltsamer Flosse**

Stethacanthus-Männchen trugen diese seltsame Flosse auf dem Rücken – wahrscheinlich um die Weibchen anzulocken. Ansonsten ähnelt der Fisch heutigen Haien. Er schwamm vor allem im Wasser nahe der Küste auf der Suche nach Fischen und anderen Meerestieren. Er lebte vor 370 bis 345 Millionen Jahren, war etwa einen Meter lang und ein ziemlich schneller Schwimmer.

**Mosasaurier – Echse auf der Jagd nach Haien**

Er war eines der gefährlichsten Tiere, die je unter Wasser gelebt haben. Die großen Exemplare wurden bis zu 17 Meter lang. Sie hatten Flossen, wogen bis zu 20 Tonnen und lebten vor 85 bis 65 Millionen Jahren. Mit ihrem großen Maul schnappten sie nach Vögeln, Schildkröten, Haien und kleinen fliegenden Sauriern. Die Tiere waren keine schnellen Schwimmer, deshalb schlichen sie sich wohl an ihre Beute an oder lauerten ihr auf. Mosasaurier legten ihre Eier an Land ab.

**Xiphactinus – der superflinke Jäger**

Mit rund 60 km/h konnte er durch das Wasser brausen. Der 6 Meter lange Fisch lebte vor 87 bis 65 Millionen Jahren. Er hatte ziemlich spitze Zähne. Damit fing er andere Fische. Er konnte sogar bis zu zwei Meter lange Tiere im Ganzen verschlingen. Skelettreste wurden in den USA gefunden – so konnten Forscher herausbekommen, wie der Riesenfisch lebte und was er fraß.

**Odobenocetops – er saugte die Beute ein**

Der jüngste unter den Tiefseegiganten: Vor fünf bis drei Millionen Jahren lebte dieses rund zwei Meter lange Säugetier. Wie heutige Wale musste der Odobenocetops über der Wasseroberfläche Luft atmen. Er hatte keine Zähne und futterte Würmer und Muscheln, die er vom Boden schlürfte. Seine Beute saugte er aus den Verstecken heraus.

*Anke Dörrzapf*

3. Nimm ein Blatt Papier im Querformat und erstelle eine übersichtliche Tabelle zum Text. Schreibe in Stichworten und gehe wie im folgenden Beispiel vor.

| Name: | Merkmale: | Länge: | Nahrung: | Lebzeit: | Fossilienfund: |
|---|---|---|---|---|---|
| Liopleurodon | mächtigster Unterwasserräuber aller Zeiten;<br>konnte unter Wasser riechen;<br>scharfe Zähne | 25 Meter | Krokodile<br>große Fische | vor 160–155 Millionen Jahren | in Deutschland, Frankreich, Russland |
| Tanystropheus | … | | | | |

4. Suche zusätzliche Bilder und Informationen zu den Urzeit-Riesen im Internet.

Suchmaschine: www.google.de
Suchbegriff: Liopleurodon

Beachte: Du musst die Namen der Urzeit-Tiere der Reihe nach in die Suchmaschine eingeben.

Um Bilder zu suchen, klickst du auf der Homepage deiner Suchmaschine auf „Bilder“.

# Übung 1

## Wann ist ein Text schwierig?

Ein Text ist dann schwierig, wenn der Leser oder die Leserin Schwierigkeiten hat, den Sinn des Geschriebenen zu erfassen.

Das geschieht häufig durch einen komplizierten Satzbau, sehr lange und verschachtelte Sätze oder durch Fremdwörter, Abkürzungen und Fachausdrücke im Text.

Ein Text ist auch dann schwierig, wenn er von einem Thema handelt, von dem der Leser/die Leserin (noch) keine Ahnung hat.

Wenn du z. B. in einer Fachzeitschrift für Reiter liest, selbst aber überhaupt keine Ahnung vom Reiten hast, dann wird so mancher Text für dich schwierig werden.

Warum?
Weil viele Fachausdrücke im Text vorkommen, die du noch nie gehört hast und die somit keine Vorstellung in dir erzeugen. Die Wörter „Halfter“, „Gamasche“ und „Schabracke“ zum Beispiel sind für jeden Reiter Klartext. Für dich ist das Thema jedoch neu. Und alles, was neu ist, bereitet uns zunächst Schwierigkeiten, weil noch keine Denkbahnen in unserem Gehirn angelegt wurden.

Daher gilt:
Nicht jeder Text ist für jeden Leser/jede Leserin gleich schwierig. Das hängt vom jeweiligen Bildungs- und Wissensstand ab.

Einen Text nicht zu verstehen bedeutet nicht, dass der Leser/die Leserin zu dumm ist. Es bedeutet nur, dass Wörter und Sätze vorkommen, die im Leser bzw. in der Leserin keine Vorstellung erzeugen – und was keine Vorstellung erzeugt, das verstehen wir nicht.

Damit du einen Text verstehen kannst, musst du zuerst Fremdwörter, Fachausdrücke und Abkürzungen mithilfe eines Wörterbuchs, Fremdwörterbuchs, Lexikons, des Internets (z. B. www.fremdwort.de) oder einer fachkundigen Person klären.

Information

Das Gedächtnis funktioniert aufgrund von Gedankenverbindungen. Dein gesamtes **Wissen** ist in einem Wissensnetz miteinander verwoben. Eine Information führt dich zur nächsten. Wenn du ein Wort hörst, fallen dir sofort alle dazugehörigen Informationen ein. Hörst du z. B. „Haus", dann denkst du gleich an „Haushalt", „Hausnummer", „Garten" usw. Neues Wissen muss deshalb immer mit bekanntem Wissen verknüpft werden.

### Die Bedeutung von Fremdwörtern lernen

Die Geläufigkeit eines Fremdwortes steigt mit der Anwendung.

Je häufiger du ein Fremdwort richtig verwendest, desto leichter wirst du dich an die Bedeutung erinnern.

> **Lerntipp**
> Lege dir dein persönliches Fremdwörter-Heft an oder erstelle dir eine Fremdwörter-Lernkartei.

a) Übersetze das Fremdwort und tausche es gegen das deutsche Wort aus.
Beispiel: **effektiv**
Die Mitarbeiter wollten effektiver arbeiten.
effektiv = **wirksam**
Die Mitarbeiter wollten wirksamer arbeiten.
Denke zusätzlich an eine Situation, in der Mitarbeiter etwas bewirken, indem sie effektiv arbeiten.

b) Suche nach Vergleichen oder Situationen aus deinem Leben.
Beispiel: **Zentrifugalkraft**
Die Zentrifugalkraft kennst du von der **Wäscheschleuder** oder von einem Ringelspiel.

c) Überlege, ob du ein bekanntes Wort in dem neuen Wort entdecken kannst.
Beispiel: **effektiv**
Betrachten wir das Wort „effektiv" genau, so fällt uns auf, dass das Wort „**Effekt**" darin vorkommt. Ist dir das Wort bekannt, dann merkst du dir das neue Wort auch leicht:
Effekt = Wirkung, effektiv = wirksam

> **Lerntipp**
> Baue Eselsbrücken, wenn du Lernstoff verwechselst oder dir Wörter schwer merken kannst.

d) Baue Eselsbrücken.
Wenn du mit dem neuen Wort nichts in Verbindung bringen kannst, brauchst du eine Merkhilfe, um den Begriff im Gehirn zu verankern. Dazu bauen wir Eselsbrücken. Dabei sind deiner Kreativität keine Grenzen gesetzt. Der Klang eines Wortes oder Buchstaben helfen z. B. beim Bauen von Eselsbrücken.
Beispiel: Der Klang als Merkhilfe
Das Fremdwort für „Hauptwort" heißt „**Nomen**".
Das Wort „Nomen" kommt aus dem Lateinischen und bedeutet „**Name**". „Name" klingt ähnlich wie „Nomen". Also kannst du dir merken: Hauptwort = Namenwort = Nomen.
Buchstaben als Hilfe: Infinitiv = Nennform
Im Wort „**Infinitiv**" stecken die Buchstaben „n" und „f" für „Nennform".

# Übung 2

## Werkzeuge für den Umgang mit schwierigen Texten

a) Kläre unbekannte Wörter im Text.
Was genau verstehst du nicht?
Verwende ein Wörterbuch oder ein Lexikon.

b) Ordne Sätze neu und fasse den Text zusammen.
Zerlege einen langen Satz in mehrere kurze Sätze.
Schreib den Text in eigenen Worten auf.
Fass das Wichtigste in Stichwörtern zusammen.

c) Suche nach Vergleichen und Beispielen.
Dadurch kannst du eine bessere Vorstellung vom Textinhalt aufbauen und das Gelesene prägt sich viel besser ein, z. B.:
Nilkrokodile können bis zu 6,5 Meter lang werden.
Nilkrokodile erreichen die Größe eines Kleinbusses.

d) Lies andere Texte zum Thema.

**Lerntipp**
Das Umschreiben und Zusammenfassen von Texten in eigenen Worten hilft uns, das Gelesene zu verstehen, zu verarbeiten und zu lernen.

1. Fasse den langen Satz in zwei kurzen Sätzen zusammen.

Es ist sinnvoll, wenn man lange Sätze liest, die auch noch ziemlich kompliziert geschrieben sind, dass man sie in mehrere kurze Sätze zusammenfasst, damit sie leichter verständlich werden.

______________________________________

______________________________________

2. Fasse den langen Satz in zwei kurzen Sätzen zusammen.

Wenn Texte so abstrakt abgefasst sind, dass sie keine Vorstellung in uns erzeugen, dann erscheinen sie uns schwer verständlich, denn unser Gehirn ist so ausgelegt, dass wir immer zu einem Begriff auch eine bildhafte Vorstellung aufbauen müssen, damit wir verstehen können.

______________________________________

______________________________________

______________________________________

______________________________________

# Übung 3

## Ägypten

Ägypten wurde durch Beamte von der Residenz des Pharaos aus verwaltet. Die Ägypter entwickelten eine Schrift, die Hieroglyphen. Dank dieser Schrift konnten sie Gesetze aufschreiben. Über das ägyptische Rechtswesen wissen wir vor allem durch Wandmalereien Bescheid. Die Gesetze waren sehr streng. Konnte ein Bauer die vorgegebenen Abgaben nicht leisten, drohte ihm die Prügelstrafe. Es konnte sogar vorkommen, dass ihm ein Ohr, die Nase oder ein Finger abgeschnitten wurde.

1. Kläre die Begriffe „Pharao" und „Residenz".

2. Vereinfache den Text. Schreibe eine Kurzfassung in Stichworten.

## Gaius Julius Cäsar

Cäsar war ein Diktator im alten Rom. Er herrschte Mitte des ersten Jahrhunderts v. Chr. Er setzte wichtige Reformen durch, die Probleme des Reiches aber konnte auch er nicht lösen. Die Sklavenarbeit führte dazu, dass die kleinen Bauern und die Handwerksleute zugrunde gingen und die Zahl der Proletarier immer größer wurde.

3. Kläre die Begriffe „Diktator", „Senat", „Proletarier" und „Reform".

4. Vereinfache den Text. Schreibe in Stichworten.

5. Suche zusätzliche Informationen zu Cäsar im Internet.

Suchmaschine: www.google.de
Suchbegriffe: Cäsar, Biografie

# Übung 4

## Epochen

Die Geschichte teilt man in sogenannte Epochen ein, wie z. B.:

### Die Urgeschichte

Die Zeitspanne vom Auftreten der ersten Menschen bis zur Entwicklung der Schrift nennt man Urgeschichte. Sie ist die „Kindheit“ unserer Geschichte und zugleich der längste Zeitabschnitt. Die Menschen traten nicht überall gleichzeitig in Erscheinung. Auch ihre Schriften entwickelten sie unterschiedlich. Die Urgeschichte dauerte daher in den unterschiedlichen Teilen der Welt auch unterschiedlich lang.

1. Fasse die wesentliche Aussage des Textes in einem Satz zusammen.

______________________________________________

______________________________________________

### Frühe Hochkulturen

Menschliche Gemeinschaften, die als Erste über eine Schrift verfügten, nennt man frühe Hochkulturen. Die Ägypter etwa entwickelten ihre Schrift vor ca. 5000 Jahren. Wie die Menschen anderer früher Hochkulturen planten und wirtschafteten auch sie unter Verwendung eines Kalenders.

2. Fasse die wesentliche Aussage des Textes in einem Satz zusammen.

______________________________________________

______________________________________________

### Antike

Unter „Antike“ versteht man die hoch entwickelten Kulturen der Griechen und Römer. In der Antike setzt auch unsere Zeitrechnung ein. Der Beginn unserer Zeitrechnung ist die Geburt Christi. Dementsprechend teilen wir unsere Vergangenheit in die Zeit vor Christi Geburt (= v. Chr.) und in die Zeit nach Christi Geburt (= n. Chr.) ein.

3. Fasse die wesentliche Aussage des Textes in einem Satz zusammen.

______________________________________________

______________________________________________

# Übung 5

## Teamarbeit

In der arbeitsteiligen Industrie- und Dienstleistungsgesellschaft ist effektive und effiziente Zusammenarbeit Voraussetzung für den unternehmerischen Erfolg. Kooperation mit Kollegen, Vorgesetzten und Mitarbeitern in festen oder wechselnden Teams gehört für jeden zur alltäglichen Arbeitssituation. Nur wer die Prinzipien zielorientierter Arbeit im Team kennt und situationsgerecht anwenden kann, wird dauerhaft die Qualität seiner Leistung sicherstellen können.

Information

**Dienstleistungen** sind Tätigkeiten, bei denen ein bestimmter Dienst geleistet wird. Es wird nichts hergestellt. Friseure oder Bankangestellte zum Beispiel erbringen Dienstleistungen.

1. Nimm ein Wörterbuch zur Hand und kläre zunächst die Bedeutung der folgenden Wörter.

effektive und effiziente Zusammenarbeit: ______________________________

______________________________________________________________

______________________________________________________________

Kooperation: ______________________________________________________

Prinzipien: _______________________________________________________

Information

**Teamarbeit** ist im heutigen Berufsleben unverzichtbar. Die Teammitglieder ergänzen einander und sind voneinander abhängig. Sie erreichen durch Zusammenarbeit und ständigen Austausch ihre gemeinsamen Ziele.

2. Fasse den Text in eigenen Worten mündlich zusammen.

3. Um den Text zu verstehen, also um seinen Sinn zu erfassen, musst du wissen, was ein Team ist. Klärt in Kleingruppen die folgenden Begriffe. Nutzt ein Lexikon oder das Internet.

Suchmaschine: de.wikipedia.org
Suchbegriffe: Team, Teamfähigkeit, Teamgeist

4. Fasst die wichtigsten Aussagen zum Thema Teamarbeit auf einem Lernplakat zusammen.
Ernennt pro Team einen Teamsprecher und präsentiert das Ergebnis in der Klasse.

5. Wie funktioniert die Teamarbeit bei euch?

**Mit allen Sinnen lesen**

Je mehr Sinne du beim Lesen mit einbeziehst, desto besser kannst du dich an das Gelesene erinnern.

Stell dir das Gelesene wie einen Film in deinem Kopf vor.

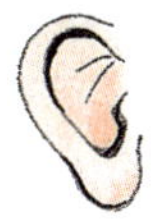
Lass beim Lesen Stimmen, Töne und Geräusche in deinem Kopf entstehen.

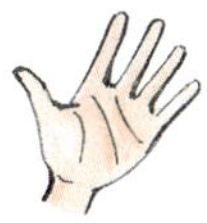
Fühle dich in das Geschehen ein.

Stell dir auch vor, wie die Dinge riechen und schmecken, von denen du liest.

**Nachrichtentexte lesen**

Lies Nachrichtentexte mit der Absicht, die folgenden Fragen zu beantworten:

a) **Wo** war das?

b) **Wer** war daran beteiligt?

c) **Wann** ist das passiert?

d) **Was** ist geschehen?

e) **Welche** Folgen hatte es?

**Umgang mit schwierigen Texten**

- Male ein Fragezeichen an den Rand.
- Was genau verstehst du nicht?
- Kläre unbekannte Wörter im Text.
- Ordne Sätze neu und fasse den Text in eigenen Worten zusammen.
- Suche nach Vergleichen und Beispielen.
- Lies andere Texte zum Thema.

### Markierungsregeln

1. Lies den gesamten Text. Markiere erst beim zweiten Lesedurchgang.
2. Unterstreiche zunächst nur mit Bleistift, der lässt sich leicht ausradieren.
3. Markiere nur einzelne Schlüsselwörter und keine ganzen Sätze. Die Details „hängen“ an den Schlüsselwörtern.
4. Überfliege die unterstrichenen Textstellen nochmals. Sind es wichtige Schlüsselwörter? Markiere erst dann mit einem Leuchtstift.
5. Wenn dir die wichtigen Infos beim Lesen der Schlüsselwörter wieder einfallen, dann hast du deine „Schlüssel“ gut ausgesucht.

### Sach- und Gebrauchstexte lesen

1. Vor dem Lesen:

a) Verschaffe dir einen Überblick und überfliege den Text.

b) Stell Fragen, z. B.:
Was will ich wissen?
Worauf gibt der Text Antworten?

2. Beim Lesen des Textes:

a) Lies den Text und stell ihn dir mit allen Sinnen vor.

b) Kläre unbekannte Begriffe.

c) Entwickle Fragen zum Text.

d) Markiere wichtige Schlüsselwörter.

e) Gliedere den Text in Abschnitte und stelle den Textinhalt übersichtlich dar.

3. Nach dem Lesen:

Fasse den Text in eigenen Worten zusammen.
Nutze dazu die markierten Schlüsselwörter und deine eigene Textzusammenfassung.
Bei Unklarheiten hilft gezieltes Nachlesen.

## Fremdwörter

Nachfolgend findest du viele Fremdwörter, die du in diesem Band gelernt hast. Schneide die Kärtchen aus, mische sie und lege sie wieder richtig zusammen.

| | |
|---|---|
| **abstrakt** | nicht bildhaft |
| **Adrenalin** | ein Stresshormon |
| **anonym** | ohne Namensnennung |
| **Antibiotika** | biologische Wirkstoffe gegen Krankheitserreger |
| **Assoziation** | Verknüpfung |
| **Bora** | Fallwind im Adriagebiet |
| **charismatisch** | mit Ausstrahlung |
| **Diagramm** | Zeichnung zur Veranschaulichung |
| **Diktator** | unumschränkter Machthaber |
| **Dumping** | das Unterbieten von Preisen im Auslandshandel |
| **effektiv** | wirkungsvoll, wirksam |
| **effizient** | wirksam, wirtschaftlich |
| **fair sein** | anständig, ehrlich sein |
| **Feedback** | Rückmeldung |
| **Folder** | Faltprospekt |
| **Generikum** | wirkstoffgleiche Kopie eines Medikaments |
| **identifizieren** | genau erkennen |
| **Infinitiv** | Nennform |
| **interpretieren** | deuten |
| **Kooperation** | Zusammenarbeit |

| | |
|---|---|
| **lädiert** | beschädigt |
| **Patent** | Schutzrecht für eine Erfindung |
| **Pheromone** | feinste Duftstoffe, die der unbewussten Kommunikation dienen |
| **Prinzipien** | Grundsätze |
| **Proletarier** | ärmste, besitzlose Schicht der römischen Bürger im alten Rom |
| **Prophylaxe** | Vorbeugung |
| **Recherche** | Nachforschung, Ermittlung |
| **Reform** | Neuerung, Neugestaltung, Verbesserung |
| **Residenz** | Herrschersitz, Amtssitz |
| **resistent** | widerstandsfähig |
| **Scanning** | absuchen |
| **Selbstreflexion** | prüfendes Nachdenken über sich selbst |
| **Senat** | Staatsrat im alten Rom |
| **sensibel** | empfindsam |
| **spezifisch** | für etwas oder jemanden typisch |
| **Strategie** | planvolles Vorgehen |
| **Stümper** | jemand, der in seinem Beruf unfähig ist |
| **Synonyme** | bedeutungsgleiche Wörter |
| **Team** | Arbeitsgruppe |
| **Tortur** | Folter, Marter, Qual |